H. BESSER

PERSEVERANCIA

CÓMO DESARROLLARLA

PERSEVERANCIA
CÓMO DESARROLLARLA

por H Besser

ISBN: 978-1-937094-50-8

Publicado por:
Editorial RENUEVO
www.EditorialRenuevo.com
info@EditorialRenuevo.com

ÍNDICE

INTRODUCCIÓN

De todas las «llaves de la fortuna» modernas, ninguna abre la cerradura de la vida como la perseverancia. Plutarco la consideró ser todopoderosa, diciendo: «La perseverancia es el mejor amigo y aliado de aquellos que aprovechan las oportunidades que presenta y el peor enemigo de los que se apresuran al actuar antes de ser llamados».

Con su lema «el éxito atiende al que determina perseverar», el autor de este libro describe la perseverancia verdadera, indica los impedimentos para obtenerla y los obstáculos que uno debe superar. Al lector se le advierte en contra de los peligros del entusiasmo exagerado que conduce a la precipitación y sobre todo a nunca actuar precipitadamente, ya que la precipitación es cómplice del error y compañero de la desgracia. Asimismo, se le advierte rechazar la obstinación puesto que acompaña a la ignorancia, el engreimiento y el orgullo. La obstinación es seña de un juicio débil y una mente terca. El hombre obstinado falta cultura, porque carece de delicadeza y control sobre su temperamento.

Edmund Burke describió a la obstinación como un gran vicio que generalmente causa grandes problemas; a pesar de estar aliada a la constancia, la fortaleza, la fidelidad, la firmeza y a la magnanimidad, todas virtudes encomiables, si éstas se practican en exceso, conducen a la obstinación, la única pasión que nunca se recupera luego de haber fracasado. La obstinación es el camino que dirige hacia la estrechez de miras que conduce al engreimiento.

La perseverancia es la determinación tenaz que vence a las dificultades que parecen ser insuperables. El gran Napoleón dijo: «La victoria le pertenece al que tiene más perseverancia». El espíritu indomable de la perseverancia da recompensa a cualquier esfuerzo merecedor. Aquí hay una guía simple pero efectiva para este gran poder.

La segunda parte de esta obra está dedicada a enseñar como adquirir esa fuerza moral que permite desarrollar perseverancia. Por medio de una serie de ejercicios prácticos, el autor nos muestra como obtenerla, enseña el control propio mediante la influencia de la voluntad, y conduce a un hombre tímido a la autodependencia y la perseverancia que asegura el éxito aún en las circunstancias más precarias. El grito de guerra de todos los que desean tener éxito debe ser «perseverancia», pero este grito, como todos los otros, es inútil sin apoyo.

Gracias a la perseverancia, Aníbal cruzó los Alpes en quince días, Julio César en once, y Napoleón en cinco. El que desea obtener éxito lo debe apoyar con un esfuerzo persistente digno de sus aspiraciones; así como golpear el pedernal produce fuego como recompensa de una acción continúa, así también podemos lograr éxitos por medio de un esfuerzo incesante e indomable. De esta manera, por medio de la experiencia, podemos forjar la llave que girará las cerraduras de la vida y abrirá las puertas de la fortuna.

En las siguientes páginas, cada lector serio podrá encontrar la fuerza mental, la nitidez de pensamiento y la fortaleza de carácter que despiertan el entusiasmo e inspiran la confianza que el mundo en general le otorga a las personas perseverantes y exitosas.

– Los Editores

PRIMERA PARTE

LOS IMPEDIMENTOS PARA LA PERSEVERANCIA

CAPÍTULO I

LA VERDADERA PERSEVERANCIA

La perseverancia es la facultad que nos otorga el poder para completar una tarea sin dejar que seamos desviados de nuestro propósito por las dificultades iniciales o por los múltiples obstáculos que se hacen presente durante el trabajo. Es la clase de energía que nos permite desarrollar la fuerza de voluntad suficiente para que nunca seamos desanimados por el trabajo que debemos enfrentar para lograr lo que hemos decidido hacer. Es el arte de marchar directamente hacía adelante en busca del objetivo que nos hemos propuesto, ignorando todo apuro temporal, sea grande o pequeño, usando todas nuestras fuerzas para superarlos. Es la calidad que se encuentra en personas dispuestas al entusiasmo, que al haber percibido las posibilidades favorables de lograr el éxito en alguna empresa, no permiten que nada les desvíe del camino y jamás pueden ser derrotados por las circunstancias que suelen perjudicar su éxito final.

La gente que posee perseverancia son la clase de personas que pueden mantenerse aferrados al camino que ellos han elegido, a pesar de cualquier tipo de dificultades que se encuentren a lo largo de él. Para estas personas, parece que los obstáculos sirven no para disminuir su valentía, sino para redoblarla. El fervor de la batalla multiplica sus fuerzas diez veces y las dificultades que enfrentan solamente agilizan sus mentes.

Las personas que perseveran no conocen a las debilidades que causan el fracaso en las personas de voluntades vacilantes, que se dan por vencidos a primera vista de los que se oponen. Estas personas se resignan a la desesperación y le echan toda la culpa al destino, que no tiene nada que ver con sus problemas. Ellos toman mucho cuidado para nunca admitir su propia incompetencia y no hacen intento alguno para convertirla en energía útil para lograr resultados. Su ineptitud es más adaptada para la inacción y ellos abandonan la lucha para el objetivo y se disculpan ante su propia consciencia diciendo:

«¡Conmigo no hay éxito! No tiene sentido seguir perseverando!»

Mientras tanto, nunca pierden una oportunidad para poner excusas por sus fallas en base a la suerte de sus vecinos, quienes son capaces de traer todos sus proyectos al éxito final. Ellos se quejan, diciendo: «Si ese fuera yo, ¡no me saldría de la misma manera! ¡A ellos todo les va bien!» Su envidia les ha hecho declarar la verdad.

Por lo general se puede decir que el éxito llega a las personas que tienen perseverancia y fuerza de voluntad, mientras que ningún asunto puede llegar a una conclusión exitosa en manos de los que deliberadamente ignoran sus oportunidades favorables y se niegan a tomar buen provecho de ellas.

En ningún momento en la historia del mundo ha sido más necesaria la perseverancia que en el día de hoy, con sus condiciones sociales particulares. La difusión de la educación general ha despertado los talentos que anteriormente yacían dormidos en el germen, aumentando en gran manera el nivel de competición en la batalla por el éxito. Es por esto que la batalla hoy en día se ha hecho más acérrima e interminable, demandando de los que participan en ella una voluntad fuerte e inflexible. Esta misma también debe ser respaldada por un esfuerzo incansable, lo cual es la base de toda perseverancia.

Esta clase de persistencia en un propósito no sólo sirve para poner en juego las cualidades que se necesitan para facilitar la realización de logros que nos hemos propuesto. También es el fruto de una idea que ha sido considerada cuidadosamente y albergada en la mente hasta que ha llegado el momento que ha adquirido vitalidad suficiente como para permitirse convertir en acciones. Si el objetivo o propósito no ha sido concebido de una forma bien clara, esa idea permanecerá estéril. Antes de poder mantenernos con pie firme en un camino fijo, es indispensable saber exactamente hacia dónde conduce.

La cantidad de personas que pasean por callejones sin salidas es enorme. Esta gente se asombra cuando se encuentra con dificultades que fácilmente podrían haber previsto, si sólo estuvieran dispuestas a hacerlo.

Las personas que han sido dotadas con perseverancia usan ese momento para re-abastecer sus fuerzas. Ellos consideran la naturaleza de los obstáculos que probablemente tendrán que enfrentar y evalúan sus propias fuerzas para superarlos. Si ellos se sienten incapaces de hacer progreso contra las fuerzas que le obstaculizan o anticipan que esas dificultades pronto se convertirán en imposibilidades, entonces no dudarán en volver a su punto de partida y buscar un camino más radical.

Sin embargo, para muchas personas el hecho de abandonar un proyecto les convence a ellos mismos de sus debilidades y por lo tanto se retraerán de una decisión que se les parece como fracaso.

Pero para las personas caracterizadas por la energía, los obstáculos son el enemigo. De la misma manera que un soldado se consideraría deshonrado al huir de un avance enemigo, esta persona también se sentiría devaluada en su propia opinión si no persiste en la batalla hasta el último momento.

Lo primero que uno debe hacer cuando se encuentra en esta posición difícil es parar de marchar hacia delante, no para dar la vuelta atrás y huir de una vez, sino para darse tiempo para evaluar la situación.

Luego veremos que cuando uno se propone a ser perseverante, es muy importante nunca hacer nada sin primero haberlo contemplado cuidadosamente. El razonamiento debería ser la fundación de todas nuestras empresas. El hombre que se enfrenta en una batalla sin primero haber decidido que era necesario tomar ese paso, ya ha sido derrotado antes de comenzar.

¿Qué clase de soldado contemplaría ir a la guerra sin sus armas? Las batallas de la vida suelen ser igual de acérrimas, y a veces igual de mortales, como las que ocurren en un campo de batalla real.

Cuando uno ya se ha informado suficientemente sobre el esfuerzo que se requiere y ha contemplado de antemano las chicanas y dificultades del camino que tiene por delante, entonces será el momento para buscar una manera para reducir lo primero y sobrepasar lo segundo.

El poder de una idea motor es la madre de toda perseverancia. Esta virtud ha sido difamada bastante. La gente débil e incapaz se contenta con denominar esto como «una idea fija» o una «manía». Pero las ideas fijas tienen una calidad indispensable para obtener buenos resultados. Las ideas titubeantes e inquietas invariablemente llevan a decisiones en las cuales la diversidad es una debilidad.

El hombre que realmente quiere lograr sus metas no confiará en cualquier sugerencia que sea ajena al propósito principal que ocupa su mente. Los resultados que el desea siempre serán lo que regulan las decisiones que él toma. Él nunca perderá de vista la certeza de que el esfuerzo de voluntad que le mueve a tomar una cierta decisión es sólo un estado de ánimo transitorio. Para que este estado de ánimo se pueda establecer definitivamente, es necesario produzca acciones que ayuden a lograr su propósito. En caso de que se hayan tomado acciones prematuras, él no puede permitirse el lujo de ser obsesionado por pensamientos adversos que puedan poner en peligro el resultado exitoso de lo que ha decidido hacer.

Por lo cierto, estamos hablando sólo de esos casos en los que esa clase de pensamientos puedan distraerlo o desviarlo de su buen camino. En todos los otros casos, cualquier cambio de lugar, cualquier mejoría posible que él se pueda imaginar debería ser bienvenido y evaluados con cuidado.

Sin embargo, antes de alterar su propósito inicial, sería bueno que él haga una evaluación seria de los hechos del asunto, para prevenirse tomar pasos en falso en un camino peligroso, o aún peor, viajar sin rumbo hacia ningún lado en particular.

La persona que quisiera poseer el don de la perseverancia entonces, antes de elaborar el plan que será llevado a cabo con perseverancia, debería hacer lo que todos los viajeros prudentes hacen cuando están por comenzar un viaje. Ellos Consultan sus gustos y las razones o intereses especiales que les lleven a elegir un país sobre otro. Una vez que han decidido, luego toman en cuenta sus recursos.

Luego deben considerar cuánto tiempo pueden dedicarle al viaje. Después de hacer eso, deben procurar sus ropas y cualquier otro equipamiento que puedan necesitar durante su viaje.

Una vez que haya hecho esto, despliegan un mapa del país que estarán visitando y con cuidado planean su itinerario, permitiéndose tiempo para cualquier demora o inconveniente en conexiones de viaje, y marcando las ciudades que les gustaría visitar y los lugares o atracciones que les interesarían.

Sólo después de hacer todo esto se puede comenzar el viaje, una vez que ya saben exactamente a dónde van y sin dejarse expuestos a cualquier demora causada por los inconvenientes que les pudiera desviar de la ruta que ellos han elegido.

Las personas que no se preparan de tal manera probablemente sufran grandes demoras desde el comienzo. El peligro de perderse una conexión que no han arreglado con mucho cuidado les mantendrá en un estado constante de ansiedad que no les permitirá disfrutar de su viaje. No haberse proveído con todas las cosas necesarias de antemano les causará problemas continuas y la flaqueza de sus recursos, que pueden amenazar agotarse antes de terminar el viaje, puede causar un fin prematuro al viaje mucho antes de lo esperado.

Y otros no podrán resistir la atracción de lugares que han visto de lejos, y se permitirán ser desviados de su ruta de viaje arreglada de antemano para observar estas localidades de cerca. Así terminarán perdiendo mucho tiempo valioso y correrán más riesgo de descarrilar el viaje por completo. Lo peor del caso suele ser que muchos de esos lugares que aparentan ser atractivos no siempre cumplen con las expectaciones y luego resulta que uno ha perdido bastante tiempo sin recompensa alguna.

En circunstancias como estas, la gente que carece de perseverancia, en lugar de forzarse a si mismos a volver a su plan de viaje original y no intentar desviarse nuevamente de él, comienzan a deambular sin rumbo o dirección. Comienzan a pensar, cada vez que enfrentan un nuevo horizonte, que han descubierto algo hermoso debido a la perspectiva encantadora que la distancia le da.

Algunos otros, con una imaginación menos vívida, seguirán viajando hacia delante sin prestarle atención a esos espejismos, pero se darán por vencidos en total desdicho al encontrar el menor de los obstáculos. Ante el mínimo cansancio quedan completamente fatigados y en seguida tienen ganas de volver a su hogar y abandonar el viaje o proyecto que a ellos les parece demandar demasiado esfuerzo complicado para llevarlo a cabo.

Se puede decir con toda certeza que estas personas, al volver a su hogar, encontrarán razones similares para perder el animo de hacer las tareas diarias más mínimas y harán todo lo posible para demorar hacerlas.

El hombre que siempre encuentra excusas para sí mismo terminará privándose a sí mismo del poder que la esperanza le da de lograr el éxito en el próximo emprendimiento. La voluntad para perseverar debe ser el centro alrededor del cual revuelven todas las cualidades que se necesitan para poder conquistar esta virtud. Y ciertamente la perseverancia es una virtud. Esta descripción no sobra, ya que la perseverancia, si se entiende bien, está compuesta de mil cualidades que nos han enseñado a admirar.

Hagamos claro que estas cualidades, para las batallas de la vida, pueden ser armas ofensivas y defensivas según lo que la ocasión demande. Ellas sirven para ayudarnos a combatir a los defectos que constituyen los enemigos de la sinceridad y el éxito. Ellas atacan a esos defectos, destruyen sus defensas y se mantienen luchando en su contra hasta que hayan sido completamente destruidos. Estas cualidades también forman el escudo que protege a nuestras esperanzas más queridas de los golpes mortales que pueden causar esos defectos que nos impiden de practicar la perseverancia. Estos enemigos son, por citar solamente los más importantes:

La pereza;

El desánimo;

Falta de confianza en las capacidades de uno mismo;

La impaciencia; y

La superficialidad.

La *pereza*, al implantar en nuestras mentes un odio hacia toda clase de esfuerzo, solamente nos permite ser exitosos en las tareas más pequeñas, que no requieren ni concentración, ni atención sostenida ni mucho menos trabajo contínuo.

Aquí tal vez vale la pena hacernos recordar que cualquier emprendimiento que demanda de nosotros sólo un mínimo esfuerzo o involucra sólo un mínimo de pensamiento complejo, casi siempre será un emprendimiento de segundo nivel. La facilidad con la que cualquiera puede hacerlo lo deja fuera de la categoría de ambiciones más legítimas. Estas cosas son intentadas y realizadas tantas veces por tantas personas que, sin mencionar las leyes de la oferta y la demanda, pierden cualquier interés físico o moral que pudieran haber tenido originalmente.

A las mismas personas que les interesan hacer tales cosas porque son fáciles y requieren poco de ellas, no dudan en abandonarlas al final cuando descubren que la fuerte competencia, causada por el gran número de personas involucradas en tales empresas, las obliga a poner en acción esas cualidades de acción y perseverancia que carecen porque su misma pereza se las prohíbe desarrollar en absoluto.

La gente perezosa es, por lo tanto, últimamente condenada a siempre hacer trabajos de segundo nivel y resignada a empleos sin futuro. La pereza siempre resulta en una carencia de tono moral, que sirve para distanciar a su víctima de cualquier cosa que se podría calificar de trabajo. Por lo tanto, el campo de la experiencia se deja sin arar, aunque un poco de actividad pronto lo causaría florecer con las flores de sabiduría, cuyas aromas harían más dulces las vidas de los obreros.

Comparando el estado mental de la gente perezosa con un campo, la hiedra sofocante y otras plantas parásitas pronto se apoderarán por completo de ese terreno que nadie disputa. Es por esta misma razón que las personas que son víctimas de la pereza lamentablemente tienen sólo cualidades negativas. Las cualidades que conducen al éxito no permanecen con ellos por mucho tiempo. Esas cualidades o se extinguen pronto o arrastran medio muertos, ahogados por el crecimiento de innumerables defectos, todos a raíz de su defecto principal. Estas personas pronto terminan como las mismas hierbas malsanas del campo, que no parecen ser animadas por ningún principio real o vital.

La pereza, cuando se permite practicarla en exceso, siempre causa degeneración en una persona. Es un hecho reconocido que los órganos del cuerpo cuyas funciones regulares han sido suprimidas habitualmente, al final acaban siendo atrofiados. Hay muy pocas personas que son capaces de usar su mano izquierda con la misma facilidad que su mano derecha. Sin embargo, al nacer, las dos manos eran igualmente capaces de cumplir los mismos propósitos.

La naturaleza ha decretado que a los niños se les ha de corregir cuando intentan hacer algo con sus manos izquierdas y es por esto que esta mano nunca desarrolla la destreza y habilidad de la mano derecha. La diferencia es tan marcada que aquellos que necesitan el uso de su mano izquierda, como los violinistas o pianistas, llegan a desarrollar una destreza en esa mano que nunca será obtenida por alguien que no ha hecho ejercicios especiales para entrenar su mano izquierda hasta que sea experta.

Luego de la pereza llega el *desánimo*, que marca el final de la voluntad para seguir trabajando hacia un fin determinado. Encontrarse con un obstáculo inesperado siempre causa desánimo. Las personas con espíritus fuertes verán a ese obstáculo como algo para superar y la fascinación de la batalla los motivará para seguir perseverando en el camino hacia el éxito.

Pero las personas cuya valentía titubea se desanimarán ante cada cosa que tiende a obstaculizar sus objetivos. Cuando se enfrentan con problemas, ellos son como un minero que ve caer rocas grandes en la cantera que él está picando y amenazan con dejarle atrapado.

Las personas con el don de la perseverancia, luego de haber lamentado tal serie de problemas, pronto recuperan su coraje al reconocer que el remordimiento y la preocupación no sirven para nada. Ellas simplemente se esforzarán para superar los obstáculos amontonados en su camino, y al realizar su trabajo con éxito, tanto más se llenarán de gozo al ver cuánto más difícil fue comparado con lo que esperaban, y por esa misma razón, tanto más honor les proporciona por haberlo llevado a cabo.

Pero la persona con una voluntad atrofiada y débil retrocederá ante tal aumento de las dificultades. Esa persona preferirá abandonar su empresa por completo antes de comenzar nuevamente el trabajo que ya ha terminado, y, mientras se lamentará por lo inútil de sus pasados esfuerzos., volverá a trazar sus propios pasos, sumamente agradecido si sus intentos fracasados no han cambiado las condiciones al punto que no le permiten su regreso seguro.

La *falta de confianza* en uno mismo siempre es causada por una experiencia desafortunada. Sin embargo, en lugar de convertirse en victima de este más innoble temor, será mucho más a propósito pensar en las acciones pasadas de uno y reconocer con toda sinceridad los errores cometidos. Cada día podemos ver que los retrasos de todo tipo casi siempre son por causa del desánimo, falta de reflexión o por falta de esfuerzo activo. Es tiempo de admitir a nosotros mismos que esta última es una de las razones principales del fracaso.

Cuando hablamos de esfuerzo activo no estamos hablando de la clase de movimiento frenético que algunas personas caracterizan como trabajo. Por cierto, el trabajo más fructífero suele ser bastante silencioso. Comparte muchas de las cualidades de la perseverancia y es un factor importante de ella. La acción desenfrenada nunca dura demasiado y una vez acabada deja sólo cansancio en su lugar.

Cuando se detiene el esfuerzo, el progreso siempre es demorado y ya sabemos bien que todo lo que no progresa tiende a deteriorarse. De esto podemos concluir que la fatiga, al ser relacionada en nuestra mente con la desilusión, suele destruir toda incentiva dentro de nosotros para continuar luchando.

En esos casos donde las personas con perseverancia ven sólo inconvenientes temporarios, los que carecen de confianza en sí mismos encontrarán una montaña absolutamente insuperable. En vez de redoblar sus esfuerzos para escalarla, ellos se detendrán para lamentarse por sus problemas. Declararán lo imposible que es que su intento logre éxito al final y se dedicarán meramente a realizar algún resultado parcial.

Confianza en uno mismo es una herramienta poderosa, hasta en las manos de los más débiles. Ante cualquier emprendimiento, es el farol que nos ilumina el camino, que nos permite seguir nuestro camino al éxito sin desviarnos de un lado para el otro.

Es por esta misma razón que cuando uno toma un tiempo para examinarse a si mismo con toda honestidad, podrá ver que es fácil superar la desconfianza en sus propios poderes. Las raíces de esta desconfianza se pueden identificar y pueden ser alteradas para el bien con muy poco trabajo, para que finalmente desaparezca de una vez por todas.

El remedio para esta desconfianza esta muy relacionado a la enfermedad misma y por lo tanto es fácil de encontrar. Para aplicarlo, sólo se necesita un poco de discernimiento y fuerza de voluntad.

La *impaciencia* es antítesis exacto de la perseverancia. Ella siempre intenta apresurar a los resultados, los limita y es capaz de destruirlos por completo.

Si coincidimos en que la procrastinación es algo deplorable, entonces lo mismo se puede decir de tener demasiado apuro. El apuro produce obstáculos insuperables a toda clase de perfección. ¿Cuántas veces hemos visto como el apuro acaba acortando el desarrollo de alguna cosa, cuya falta significa destrucción para la utilidad del presente trabajo, y el cual es desviado así de su dirección original y su meta final?

Las personas impacientes pueden ser comparadas al hombre que piensa que puede apurar el nacimiento de un pollito al romper la cáscara de huevo que lo protege. Al hacer esto, él destruye algo que en su forma original o en la forma del pollo que sale de ella es una fuente de nutrición agradable, pero que ahora gracias a su impaciencia y necedad, no sirve para nada.

La *superficialidad* es el escollo que arruina los esfuerzos de mucha gente con fuerza de voluntad inconstante. Ellos se disponen a probar un montón de cosas y emprenden una gran cantidad de cosas, pero nunca logran fijar su mente sobre un sólo propósito. Una trivialidad es suficiente para distraerlos de alguna tarea que han comenzado y hacerles comenzar un proyecto nuevo, que probablemente también terminarán abandonando con su típica docilidad que caracteriza sus impulsos débiles. A ellos les resulta absolutamente imposible mantener su mente fija sobre algo por un buen rato. Alentados por su curiosidad, ellos dejarán sus proyectos cada rato para comenzar otros, los cuales también dejarán de lado poco después con la misma volubilidad crónica.

¿Son sinceras estas personas en su deseo de hacer algo? Por lo general, sí lo son. Pero cualquier cosa que ocurre, por más mínima que sea, causa un cambio en sus ideas. El obstáculo más pequeño quizás no les dé miedo, pero sí les hace indiferentes y pronto los desanima. Sin hacer ningún esfuerzo para encontrar una salida para su problema o combatirlo de alguna manera, ellos se lanzan hacia alguna otra ocupación, sin haberse tomado el tiempo para notar sus desventajas por causa de sus puntos de vista superficiales.

Sus vidas son caracterizadas por una serie constante de comienzos nuevos y nunca cosechan los frutos del éxito. Por cierto, se puede decir que nunca se encuentran con el fracaso total. Nunca llegan tan lejos. Estas personas se contentan con sólo jugar con sus proyectos y construir combinaciones, los cuales no ocasionan mucha desilusión cuando quedan en nada, pero esos proyectos se desvanecen y nacen de nuevo como las burbujas de jabón que soplan los niños.

Tomemos un momento para considerar en términos generales, ¿cuáles son las cualidades de una persona con perseverancia? Por sobre todas las otras se encuentra una: la tenacidad. Luego le siguen: la compostura, la paciencia, la actividad, el aplomo y la atención.

Hay muchas otras cualidades secundarias con su propia importancia, las cuales dependen de las que hemos nombrado antes y les proporcionan gran parte de su valor, a la misma vez que juegan su papel de aliados fieles.

Hablaremos de estas otras cualidades en los capítulos siguientes. En estas páginas principiantes, que tratan más con definir la perseverancia, haremos un esfuerzo para sólo mencionar los elementos más indispensables, que forman la fundación de la cualidad maestra conocido como perseverancia.

La *compostura* es una cualidad de los valientes. Es gracias a la compostura que todas las resoluciones buenas se hacen, que resultan en logros productivos. Es también gracias a la compostura que uno puede establecer las premisas del razonamiento que forma la fundación básica de cada empresa con potencial para el éxito.

Sin compostura es imposible razonar una deducción que valdrá la pena en absoluto, y todo éxito tiene sus raíces en tales deducciones.

Es más importante de lo que uno suele pensar no fracasar en alguna tarea al comienzo de un esfuerzo. El fracaso sirve para desalentar a los espíritus que no han sido templados en las llamas de la lucha y el desánimo les posee más rápido porque ellos mismos no se creen capaces de pelear contra las circunstancias que les rodean. En estas circunstancias les parece bien percibir un poder misterioso y adverso que está actuando en contra de ellos.

La *paciencia,* que prohíbe todo nerviosismo, impone sobre nosotros la continuidad y la frecuencia del esfuerzo. Pero debemos tener en mente que la perseverancia no es nada más que la voluntad para llevar a cabo ese esfuerzo y que la continuidad viene al reiterarlo. La paciencia también nos permite evaluar algo con frialdad. Le dice «No» a la entrada de consideraciones de pasión y la consecuencia necesaria de estas, la parcialidad.

También es la paciencia la que nos permite elegir con discernimiento y llevar a cabo con claridad y eficacia las acciones que la razón nos ha indicado tomar.

La *actividad* es indispensable para una persona que desea ser perseverante. Ya hemos hablado del entusiasmo falso que muchas veces se disfraza como actividad, pero que en realidad, es nada más que la satisfacción de un deseo exagerado de moverse.

La actividad que es realmente efectiva no se desgasta de un lado para el otro. Nunca desperdicia ni un sólo minuto en cosas inútiles. Sólo intenta hacer las cosas que, gracias a su poder, puede traer a un desarrollo fructífero.

La actividad mal dirigida siempre resulta en la división de esfuerzos. Ya han pasado muchos siglos desde que se dijo por primera vez: «La unión es fuerza», pero este lema no ha perdido nada de su verdad y aplicabilidad a través de los años.

El *aplomo* nos permite poner en buen uso las resoluciones que hemos podido concebir durante momentos de compostura y que la paciencia nos ha permitido desarrollar poco a poco hasta que llegó el momento de tomar acción.

El aplomo es la cualidad maestra de aquellos que se sienten llenos de la fuerza de voluntad que les inspira a hacer cosas valientes y magistrales. Sirve para concentrar todas las ventajas de la actividad en un sólo canal, permitiéndola conocer su valor y ser utilizada en una causa justa. También nos brinda suficiente confianza en nosotros mismos para dar rienda suelta a la idea que controla nuestra mente, el consejero e instigador de nuestras mejores acciones.

El aplomo bajo ninguna circunstancia debería de ser confundido con la insolencia. Es la cualidad de las personas que son dueños de sí mismos, esos que buscan sólo en sí mismos los medios para conquistar el éxito. Deja que la razón y la imaginación trabajen en conjunto para llevar a cabo resoluciones que han sido adoptadas con sabiduría, y al moderar el predominio de impulsos en nuestras acciones, también le otorga suficiente control a la razón para que pueda tomar control absoluto de una situación cuando sea necesario.

El aplomo, al darnos confianza en nosotros mismos, nos permite caminar con paso firme hacia las metas distantes que la razón nos ha indicado.

Debemos reiterar que nosotros aquí sólo estamos hablando de un aplomo razonable y considerado y no de una arrogancia temeraria, que al no tener ninguna fundación sobre la cual se pueda soportar, no podrá mantenerse a pie mucho tiempo y tarde o temprano se desplomará, enterrando bajo sus ruinas a aquellos que se han creído capaces de imponerse sobre los demás sin poseer una convicción verdadera del valor de su calidad personal.

La *atención* es la aplicación del habito de reflexión y concentración hacia un fin especifico. Es el deseo de comprender y aplicar las enseñanzas que hemos recibido. Sin esta cualidad de la atención, es imposible llegar a un fin exitoso con cualquier emprendimiento. Su luz sirve para iluminar las ventajas y desventajas de cualquier tarea que hemos emprendido.

Para una persona caracterizada por la atención, las lecciones aprendidas del pasado son promesas que aseguran el éxito en el futuro. Sólo los ciegos dejan pasar de largo las lecciones de la vida y no las aprecian. Por otro lado, los que tienen gran energía se esforzarán para encontrar toda forma posible para poner en acción las lecciones que han aprendido. Nunca se permitirán olvidar que la atención es un factor poderoso del éxito. La atención es la madre de la experiencia, la cual no podría existir si uno no tuviese cuidado de fijar en la mente todo detalle, que luego sirve como fundación para el crecimiento.

Es gracias a la atención que un inventor es capaz de hacer cambios en sus creaciones al observar los defectos que se presentan en mecanismos similares. También es por causa de la atención que una idea motriz se pueda convertir en una fuerza activa la cual contribuirá hacia la adquisición de la perseverancia.

No se puede insistir demasiado en que es imposible soñar de obtener esta cualidad si uno no practica las otras virtudes de las cuales la misma está compuesta, y al mismo tiempo evitando caer en los defectos que impiden su desarrollo.

La atención también nos será inmensamente útil para desarrollar aquellas virtudes que sólo poseemos en una forma sin desarrollar. Ella nos confortará; nos hará pacientes, valientes y moderados. Nos llevará al éxito al final, haciendo imposible las desilusiones y las aflicciones que causan problemas de continuo en mayor o menor grado a los que no tienen una fe en sí mismos que apoye a sus voluntades débiles.

CAPÍTULO II

LOS PELIGROS DE LA OBSTINACIÓN

Un antiguo proverbio declara que: «Los extremos se tocan». La veracidad de este proverbio está a la par de la reputación que esos dichos antiguos se han ganado.

Es un hecho que un exceso de perseverancia puede convertirse en obstinación. Las realidades adversarias que la perseverancia convierte en tantos motivos de realización, con el defecto de la obstinación, muchas veces acaban convirtiéndose en sueños utópicos que son defendidos como realidad sin darse cuenta —o a veces a sabiendas— por los que se niegan a ser guiados por la razón.

No estamos hablando del idealismo que la sabiduría o el trabajo persistente puede convertir en realidad de varias maneras. La obstinación es la búsqueda de un objetivo cuando uno ve que lograrlo con éxito no se puede esperar dentro de lo razonable.

Esta determinación para continuar viendo algo desde un punto de vista equivocado casi siempre tiene raíz en un razonamiento erróneo. Una persona emprende tal proyecto sin pensarlo bien, ignorando la realidad que su esperanza se desvanecerá ante la luz de la razón como la neblina de la mañana ante los rayos del sol. Muchas veces habrá varias oportunidades para que uno cambie su decisión en tales casos, pero uno puede estar demasiado enredado por consideraciones que tienen que perder todo valor en vista de la desesperanza absoluta de su realización.

En instancias como estas, casi siempre también esta involucrada la vanidad. A uno no le gusta admitir que está equivocado y no toma en cuenta que persistir en su error sólo empeora la situación con cada momento que pasa.

La inercia también tiene un papel importante en la terquedad de las personas obstinadas. Para ellos, abandonar su primer intento de algo para comenzar uno nuevo sólo implica duplicar el nivel de esfuerzo que a su voluntad débil ya le ha costado tanto producir. Ellos no toman un momento para considerar que tarde o temprano, van a lamentar hasta el más mínimo desvío de su camino, porque no contribuye a la culminación de una empresa y no dirige a ningún lugar.

Una persona que está satisfecha con su disparate obstinado es como un hombre que trata de cultivar un campo lleno de piedras. Todas las semillas que él plante se perderán sin remedio y aún peor, estará perdiendo su tiempo. Así, cada momento de nuestras vidas que desperdiciamos en cosas que no rinden fruto es parte de una hora perdida al abismo de la eternidad, que no ayuda a nadie y que nunca podremos recuperar.

Aunque el hombre obstinado seguirá esparciendo semillas sobre las piedras inútilmente, el hombre perseverante no perderá su tiempo con algo que la razón le dice no brindará fruto, sino que buscará una manera para sacar provecho de esas piedras.

Cuando él finalmente haya formulado un plan y considerado todas las ventajas y desventajas del mismo en su mente, decidirá convertir su idea en acción. Las dificultades no le detendrán y seguirá haciendo el trabajo que se ha propuesto con paciencia y valentía.

Una forma típica de la obstinación es exagerar la importancia de circunstancias triviales y usarlas como pretexto para continuar actuando de manera errónea.

Ser sincero con uno mismo nunca puede coexistir con la obstinación. La obstinación se deleita en disfrazar las cosas a su placer, y ya no las ve en su forma verdadera, sino en el disfraz que prefiere. Esta manera de conducirse a sí mismo últimamente resultará en un naufragio del razonamiento y la pérdida completa de la habilidad para evaluar el valor real de las cosas.

Además, muchas veces resulta que esta terquedad no es para nada inconsciente. En esos casos, la falta de consistencia en el razonamiento de uno se hace aún más aparente y la insensatez de los intentos de uno se acentúa. Pero a nadie le gusta admitir que uno se ha equivocado sino que uno se aferra a sus errores y así evita confesar que uno ha reconocido sus equivocaciones. De esta manera, uno espera poder engañar a otras personas al engañarse a sí mismo. Uno defiende su argumento proponiendo razonamientos cuya necedad es obvia y sigue ofreciendo toda clase de argumentos insinceros, así negándose a sí mismo cualquier oportunidad de recuperar su honestidad.

El único ingenuo que es engañado por estas tácticas penosas es el que las utiliza. Por lo general, cuanto menos éxito tenga la persona, más aumentará la insinceridad de sus argumentos, hasta que llegue el momento en el cual la necedad de su punto de vista será imposible de ocultar.

Otra característica de la obstinación es el espíritu incrédulo con el que uno recibe noticias del éxito de los demás. El estado de ánimo depresivo que siempre resulta de cualquier tipo de fracaso, en las personas obstinadas crea una envidia que se delata a través de los comentarios malintencionados hacia aquellos que han logrado realizar sus sueños. Para estas personas, es imposible admitir el éxito de los demás sin caer en la amargura y ellos hacen todo lo posible para minimizar la importancia de sus logros. El temor de tener que reanudar sus esfuerzos, más su vanidad herida, les prohíbe toda clase de bondad o consideración en su corazón, sea para los que han sido exitosos o a los que desde el inicio señalaron la necedad de sus propios esfuerzos.

Esto nos lleva hacia otro argumento que la gente obstinada usa muy naturalmente y que consideran concluyente. Ellos dicen: «Por supuesto, es fácil caracterizar como obstinación un intento que no resultó en nada, pero si hubiera sido exitoso, entonces lo hubieran elogiado por su visión».

La respuesta a todo esto es bastante simple: Si ese intento hubiera resultado exitoso, entonces su éxito sería gracias a un plan bien pensado, porque habría sido el resultado de la concentración de razonamiento previo y estaría haciendo fructificar la resolución puesta en marcha. No todos los trabajos que se realizan escrupulosamente son exitosos, lamentablemente, pero todos los que comienzan con impulsos febriles y apresurados irremediablemente acaban en desastre.

La persona obstinada dirá: «¡Pero hay gente que no se ha esforzado de esa manera y sin embargo todo les sale bien!»

No queremos negar que la buena suerte de vez en cuando ayuda al tipo de personas que no han hecho ningún esfuerzo para llegar a su meta. Pero si uno no se satisface con basar conclusiones de un sólo ejemplo, uno podrá ver que tarde o temprano estas personas, por causa de terquedad, arruinarán todo lo bueno que la suerte les dio.

Un proverbio que sería bastante difícil de refutar es que por lo general, la Suerte tiene una influencia en la vida mucho menos importante de lo que pensamos. La gente que consigue el éxito en la vida no suele estar en deuda con esta divinidad ciega y aún cuando la suerte parece seguirlos en todo lugar, es importante reconocer que ellos han hecho todo lo posible para lograr ese éxito tan deseado.

Los que se atrincheran detrás de estas pobres excusas son sólo personas obstinadas que no quieren aceptar la culpa de sus fracasos y desean que el resto del mundo sea responsable por sus errores.

¿Debería uno simpatizar con ellos? ¡Por supuesto que no! Uno debe intentar curar a estas personas, enseñándoles, con toda la delicadeza del mundo, los errores que han cometido en su razonamiento.

Es cierto que sería poco diplomático ir directamente al grano en una situación así. En su lugar, uno primero debería darles una advertencia suave, quizás felicitándoles por lo bueno que han hecho y al mismo tiempo ofreciendo una crítica justa de los puntos débiles de sus intentos, sin herirlos demasiado. Y así, poco a poco, al intentar reconstruir con ellos el edificio caído, uno puede introducir un buen consejo de vez en cuando, bajo el pretexto de ayudarles a reconstruir sobre una fundación más solida para sus esfuerzos. La experiencia les ayudará con lo que falta y si ellos están dispuestos a brindarle oído al razonamiento, pronto aprenderán a discernir la diferencia entre la obstinación y la perseverancia.

Con personas que son obstinadas con sinceridad, uno debe tener mucho cuidado de no destruir en sus corazones esa esperanza original que fue la que le dio vida a su persistencia. Al contrario, es por medio de no tocar esa esperanza que uno puede convertir su obstinación en perseverancia, ya que la raíz de la obstinación fue sólo una fe demasiado ciega hacia el futuro.

Uno nunca se debe olvidar tampoco que la fundación de toda clase de obstinación es siempre un método de razonamiento erróneo. Por lo tanto, es necesario eliminar la raíz del problema para poder solucionarlo por completo. Entre la obstinación y la perseverancia hay sólo una diferencia en calidad de juicio personal.

Un hombre de perseverancia es alguien cuyo cerebro, habilitado por la reflexión, nunca concibe comenzar un trabajo sin primero haberlo evaluado cuidadosamente consigo mismo y también lo ha analizado de todos los puntos de vista con todas las personas que son capaces de aconsejarle. Él prestará la mayor atención a todas las críticas y objeciones que ellos puedan traerle, aún cuando éstas puedan ser completamente opuestas a sus convicciones originales. Es más, él hará una nota mental de cada una de ellas, para luego poder evaluarlas en cuanto a su valor de forma imparcial. Si cualquier parte de esos consejos le parezca a él tener valor verdadero, él no sentirá vergüenza alguna para admitir la superioridad del procedimiento o línea de acción recomendado.

El camino al éxito se allana al evitar la obstinación.

En cambio, el hombre obstinado —y esta es la menor de sus defectos— no le presta ninguna atención a los consejos, sin importar lo acertado que puedan ser. Él sólo escucha los consejos favorables y le hace oído sordo a todo consejo que no caiga en línea con su punto de vista o que no forme parte del coro de elogios que celebra la empresa que tiene en mente o que ya ha comenzado. Él desprecia la sabiduría de ese viejo proverbio que dice: «El hombre que escucha a una sola campana oye una sola nota». Ese hombre sólo oirá la música aduladora de la campana que él mismo hace sonar. Él tapa sus oídos para no oír las voces de los que le advierten de las catástrofes que le esperan por delante, y aún después de que éstas hayan ocurrido, él seguirá negando tercamente su error. En su lugar, él le echará la culpa de sus fracasos a acontecimientos que no tuvieron absolutamente nada que ver con lo ocurrido.

Sin embargo, uno nunca debe caer en el exceso contrario y permitirse ser desanimado ante la más mínima oposición.

Como hemos observado antes, la cualidad innata de la perseverancia verdadera es la habilidad de juzgar con certeza, lo que nos permite evaluar el valor de cualquier argumento y también nos permite apreciar el espíritu con el que se nos ofrece a nosotros.

Sin permitirnos a nosotros mismos caer en ese estado de desconfianza perpetua que bordea la manía de persecución, es algo muy bueno y útil poder detectar el punto de vista de la envidia que sufre de todos los éxitos de otras personas; y hará todo lo posible para prevenir que los demás emprendan cualquier cosa que pueda conseguir éxito y así convertirse en fuente de irritación para su amor propio.

La obstinación muchas veces toma la forma de una «idea fija», o sea, una idea persistente que se ha exagerado de tal manera que se ha convertido en una obsesión de la cual nada puede librar a los que han caído víctimas de ella. La idea fija es una forma exagerada de la perseverancia. En una mente débil, permite que un ideal obtenga una dominación obstinada que no deja lugar para cualquier pensamiento que le oponga.

Cuando se trata de ideas fijas, nuestro horizonte se hace confinado y limitado. Por estar constantemente concentrada sobre un sólo pensamiento, nuestra mente se niega a reconocer cualquier otra línea de razonamiento. Si por casualidad uno de esos pensamientos logra entremeterse en esa consciencia, es echado afuera de inmediato; en el mejor de los casos y con total indiferencia hacia las consecuencias, ese pensamiento será apartado para abrirle lugar a otros que estén de acuerdo con la idea fija. Ni bien ocurran esos pensamientos, el hombre que es víctima de la idea fija los transforma y los rehace hasta que se adapten para armonizar con la obsesión única que controla y nubla su mente. Llevada a su extremo final, la idea fija se convierte en una monomanía.

Este estado de ánimo tiene la característica esencial de hacer que cualquier hecho, sin importar su naturaleza, comience a tomar un matiz del pensamiento dominante que uno está cultivando con tanta diligencia. Las cosas que a primera vista parecerían no tener nada que ver con ese punto de vista e incluso pueden estar opuestas a esa obsesión, últimamente terminan formando parte de ella. Los hechos se ligan a esa idea por lazos más o menos finos que después de tantas vueltas, al final se pegan a la idea, convirtiendo todo en un revoltijo de ideas, en el cual la víctima de la obsesión siempre conseguirá encontrar de alguna forma misteriosa un punto de conexión con su idea fija.

Por lo general, la obsesión ocurre en el momento cuando la obstinación, llevada hacia su límite final, ya no le permite a lo físico ejercitar cualquier control sobre lo mental. Es por esta razón que muchas veces nosotros somos testigos de cosas que nos dejan totalmente asombrados. Aunque tengan las mejores intenciones del mundo, hay pintores que quedan tan impresionados por las matices violetas del crepúsculo, que luego comienzan a ver a todas las demás cosas en esa luz y se dedican a pintar niños y mujeres lilas y arboles violetas. Algunos otros, cuyos poderes afilados de observación se han ocupado de las formas, luego de haber dedicado tanto tiempo considerando la figura circular o la forma regular de ciertos objetos, nos regalan una escuela de arte en la que los ángulos rectos y los círculos se enredan y se mezclan de una forma que resulta desconcertante para el observador no iniciado.

¿Quién de nosotros no ha sido víctima en algún momento de las obsesiones que afligen a ciertos especialistas? Muchos doctores, al tener sus pensamientos dominados por la enfermedad que han estudiado toda su vida, hasta casi excluir por completo cualquier otro pensamiento, se niegan a reconocer en sus pacientes los síntomas de cualquier otra enfermedad que no sea la que están acostumbrados a tratar. Debemos dejar claro que estos doctores y artistas son casi siempre completamente sinceros en sus ideas delirantes.

Nosotros sólo estamos interesados en esos que son totalmente sinceros. Los demás, que son más o menos fraudes, no tienen nada que ver con los obstinados. Todo lo contrario, ya que ellos están siempre listos y dispuestos a cambiar su manera de pensar y operar en el momento cuando el aprecio popular ya no la favorece.

Por ahora sólo estamos considerando el caso de las personas que son obstinadas debido a sus convicciones. Estas personas, creyendo que así han estado comprobando su perseverancia, se han dejado ser arrastradas hasta el borde del abismo, que primero conduce hacia la idea fija y luego a la obsesión total. Esta obsesión debe ser aún más cuidadosamente rechazada, ya que igual que la obstinación, es el resultado de un esfuerzo equivocado por perseverar. Es un enemigo sumamente peligroso para un balance moral adecuado. Es más, a primera vista esa obsesión nos puede aparecer como una virtud.

La persona que es víctima de la obsesión estará más que dispuesta a considerarse a sí misma como alguien con gran firmeza de voluntad, llena de una determinación sumamente sincera para llevar a cabo su trabajo y como un apóstol devoto de la perseverancia. Este error, que les previene destruir esta tendencia ni bien aparece, es lo que lleva a las personas débiles a un estado de obstinación, que luego le cede lugar a una idea fija y finalmente se convierte en una obsesión completa que en su locura consideran una continuidad loable de pensamiento.

El remedio para este mal es una buena aplicación de la perseverancia saludable. Sin irritar a la victima de esta obstinación y sin intentar hacerle abandonar lo que tanto anhela, sus pensamientos pueden ser dirigidos hacia el deseo de hacer algo que será más o menos relacionado con la idea que domina su mente.

También es una buena idea intentar quebrar los lazos de su obsesión por medio de sugerir un pensamiento que no sea tan alejado de lo que domina su mente. Es probable que la persona no adopte ese pensamiento, pero si acepte uno similar, el cual, con un poco de paciencia uno puede gradualmente introducir en su mente, siguiendo las mismas líneas de la obsesión que está controlando su vida. De esta manera, el obstinado se permitirá ser dirigido sin brindar mucha resistencia, ya que él no sentirá que está siendo gradualmente desviado de su idea fija.

Este entonces será el tiempo para substituir para esas líneas de pensamiento casi semejantes otros pensamientos relacionados, que hará crecer en su mente resoluciones que servirán para apartarlo a él imperceptiblemente de su obsesión original. Uno debe tomar cuidado de no elegir proyectos que requieran demasiado esfuerzo continuo. Este método de curar obsesiones no sólo es uno de los más importantes, sino que también es una manera segura de prevenir su reaparición.

Por supuesto que sería bastante insensato intentar demostrarle a un hombre que sufre de obstinación que debe abandonar absolutamente la idea fija que le ha estado controlando. Esto sería tan desacertado como tratar de borrar de nuestra mente en sólo unos días un sentimiento que ha dominado nuestro pensar por un largo rato. Aún si ese intento fuese exitoso, el resultado sería sólo cambiar la naturaleza de la obsesión, sin destruir su control sobre nuestro carácter.

El hombre obstinado se convierte cada vez más en victima a su obsesión particular en proporción a sus fracasos para realizar sus sueños. Ni bien obtenga el objeto de su anhelo, la crisis pasará. Es por esto que siempre es aconsejable inspirar a las personas obstinadas con el deseo de lograr algo más o menos similar a su obsesión.

Si la idea que les controla es tan comprensiva en su alcance que toda posibilidad de ser realizada a corto plazo es descartada, entonces uno debe encargarse de dirigir las energías de esa persona hacia una serie de esfuerzos que puedan ser contados como logros completos al ser realizados aunque sigan dependiendo de la idea que les domina. Esto les dará la impresión de que no han abandonado su obsesión favorita y por eso no se opondrán a la persona que se propone efectuar su recuperación. Poco a poco, sus mentes se sentirán satisfechas con estos pequeños logros y ellos no serán tan esclavos de la idea principal. Gracias a estos pequeños esfuerzos, en el transcurso de estas varias empresas, la idea misma será modificada.

El único punto importante que debemos recordar es que la victima de la obsesión nunca debe enterarse que nuestra misión es apartarle de su idea fija. Si logra enterarse, no sólo que se negará a abandonarla, sino que se aferrará aún más a ella. Lo que se debe hacer es convencer a la persona que siempre está siguiendo la búsqueda por la misma idea. Sería tonto decirle descaradamente que lo abandone de una vez por todas.

Si este curso de tratamiento se aplica con pericia, la idea fija comenzará a perder su potencia poco a poco. Aunque no sea destruida por completo, sí será separada en forma de varias otras ideas subordinadas, que pronto harán que la persona obsesionada se ocupe con otros pensamientos sin que se dé cuenta. Todo progreso, por más mínimo que sea, servirá para despedazar la idea dominante y en poco tiempo, el tronco infructífero de la obstinación florecerá con las ramas de la perseverancia.

CAPÍTULO III

CÓMO EVITAR EL EXCESO DE ENTUSIASMO

En el capítulo anterior hemos comprobado que el exceso siempre debe evitarse, aún cuando sea consonante con el cultivo de una cualidad deseada. Nunca debemos permitirnos a nosotros mismos perder de vista la línea que separa los sentimientos saludables de los impulsos no racionales que son los enemigos de un equilibrio mental perfecto. Ni bien cruzamos esa línea, se produce un estado de entusiasmo exagerado que nos lleva a hacer cosas que violan los limites establecidos por la razón para la armonía entre nuestros pensamientos y nuestras acciones.

Una persona que no se aparte del camino del entusiasmo de vez en cuando pronto comenzará a engendrar muchas ideas falsas y con el tiempo, estas debilitarán el poder que el autodominio proporciona a la persona que lo ha logrado adquirir. En casos así nuestro juicio siempre estará en desventaja, ya que toda resolución hecha bajo la influencia de un entusiasmo exagerado tendrá pocas chances de perdurar. Sin el apoyo de una fundación solida de razón, se desmoronará cuando se intente hacer realidad. Esto en sí mismo no debería ser nada para lamentar mucho, pero lamentablemente esta clase de fracaso siempre implica un golpe a la ya débil voluntad de la persona involucrada.

El efecto menos dañino del entusiasmo exagerado es que siempre produce desilusión en su víctima. Uno imagina al objeto de su anhelo en términos tan favorables y lo viste de vestimenta tan espléndida que poco a poco, y fuera del control de uno, ese objeto comienza a transformarse por sí mismo. El hombre entusiasmado es el primero en ser engañado por su propia imaginación. Él está actuando de buena fe y está completamente convencido, cuando nombra los méritos y las ventajas de su entusiasmo del momento, que está hablando verdades. Pero se olvida que el baño de oro que le aplicó a su entusiasmo pronto comenzará a caerse.

Por lo cierto, él será la primera persona en sufrir por este hecho desagradable. Él se ha permitido dejarse llevar tan sinceramente por la corriente de su entusiasmo y su relato de la situación se ha envuelto en tanta ficción que él ya no tiene la mínima idea de que está continuamente magnificando y embelleciendo su tema, ni de los cambios que él ha causadoen el objeto que tanto desea.

Una vez que el calor de su pasión haya menguado, él será el primero en reconocer los defectos y las desventajas de lo que él ha estado elogiando hasta el cielo. Es muy raro que esta desilusión autoinfligida no resulte en un desánimo muy intenso.

El entusiasmo demasiado apresurado muchas veces resulta en un autoengaño repetido. En este estado de ánimo, se le otorga tan poco lugar al juicio y la razón que estos grandes reguladores de nuestras acciones cotidianas se encuentran rebajados a la condición de meros dependientes a una parcialidad falsa que el tiempo mismo comprobará como equivocada. El entusiasmo siempre es el fruto del impulso y de la intuición. Al igual que la persona obstinada, el entusiasmo rechaza todo razonamiento que pueda estar en oposición a los planes que ha formado en la fiebre de su imaginación excitada. Los consejeros desinteresados por el momento se convierten en su peores enemigos.

Es cierto que cuando llega el momento de la desilusión, el entusiasmado siempre volverá a esos mismos consejeros, deplorando su propia ceguedad y prometiendo mostrar más previsión para el futuro. Pero en cuanto llegue la próxima oportunidad, él otra vez se convertirá en un esclavo devoto de alguna idea u objeto, cuyo valor o belleza él exagerará hasta no poder más. La imaginación de una persona entusiasmada es tan multicolor como las ropas de un hada, pero también es igual de efímera e irreal.

Cuando un hombre así se encuentre con la forma real del objeto que ha estado alabando, libre de los elogios con los que lo había adornado, él lo descartará y se asombrará de que jamás pudo haber sido un ardiente devoto de algo tan poco atractivo. Por cierto, esto es un naufragio de la perseverancia, ya que las cosas que el entusiasmo anhela son tan numerosas como lo son transitorias. Estas cosas son deliberadamente exageradas y muchas veces, se contradicen completamente a sí mismas.

Debemos dejar claro que no estamos hablando de las cosas que se pudieran considerar como fachenda o vanidad, y que son tan variables como esa diosa de capricho, la moda. Sólo estamos interesados con los impulsos exagerados, que muchas veces son de un origen noble pero cuya amplificación resulta en una condición mental que se manifiesta por medio de una exuberancia que difícilmente se controla. El fuego más duradero no es el que tiene las llamas más altas. Es más, el fuego que arde bajo las cenizas puede que produzca menos llamas, pero continuará ardiendo por mucho más tiempo una vez que las llamaradas hayan desaparecido.

Uno de los defectos principales del entusiasmo exagerado es que interrumpe la continuidad del esfuerzo. Cuando arde muy intensamente, no puede mantenerse vivo por mucho tiempo. Los impulsos del capricho deben ser controlados de inmediato y sin remordimientos. Como con cualquier otro capricho insensato, uno debe conquistarlos y sujetarlos lo más pronto posible.

Los visionarios y amigos de lo irreal, que se permiten dejar llevar por la imaginación muy lejos de las regiones donde mora la verdad inflexible, están todos y cada uno destinados a una ruina peligrosa, si no mortal. Mientras más alto los hayan llevado sus alas hacia el mundo del encanto, más grande será su peligro, y mientras más lejos han entrado en el dominio de la fantasía, más repentina y terrible será su caída.

Este peligro no sólo se limita a estas personas. Si uno de estos visionarios tiene la capacidad para influenciar a las multitudes, entonces él se convertirá en una verdadera amenaza publica. Es por gente así que miles de pobres almas han sido guiados por un mal camino y han terminado pagando con sus vidas por confiar en estos entusiastas, que en su mayoría eran enteramente sinceros. ¿Cuántos miles de personas se han marchado, con corazones llenos de esperanza, en busca de tierras doradas pero en su lugar encuentran sólo la muerte?

Entonces, ¿debemos asumir que los que han convencido a la gente a seguir ese disparate con sus palabras son culpables de engaño? No, todo lo contrario. Ellos mismos fueron los primeros en ser engañados. Su imaginación, engreída con visiones de riquezas maravillosas, iluminó su creencia con su luz engañadora, cuya reflexión brillaba en el corazón de los oyentes, bajo la influencia de sus palabras. Ellos mismos fueron víctimas del entusiasmo contagioso que ellos mismos crearon y para ellos, sus convicciones fueron muy reales.

Aún en nuestros tiempos iluminados, con la gente común siendo más educada que jamás antes y menos dispuesta a creer cuentos de hadas, muchos siguen siendo engañados por políticos, los cuales, armados con una fe que han elevado a una religión, intentan convencer a la gente que la pueden guiar nuevamente a la edad de oro.

Cuánto mejor sería explicarle al trabajador y al artesano que la dedicación y la perseverancia son el único camino hacia la fortuna, que nunca huye de nosotros si la buscamos armados con estas dos virtudes. Al proponer verdades como éstas, es posible prevenir el desánimo que siempre resulta luego de la desilusión que sigue al entusiasmo exagerado.

La verdad también servirá para parar los disturbios que inevitablemente se producen luego de un trabajo sin resultado. Aquellas personas que son realmente determinadas a obtener su éxito tomarán precaución de no caer víctimas a ensalzamientos repentinos. Ellos también evitarán los excesos de demasiado trabajo. La saciedad hace presa de aquellos que no tienen la capacidad de evaluar la cantidad de fatiga que su cuerpo y mente pueden absorber sin sufrir daño.

Todo gran resultado es producto de un esfuerzo continuo, no a rachas esporádicas. Es gracias a un nivel moderado e inteligente de trabajo regular que los grandes personajes han logrado escribir sus nombres en las páginas de la historia.

No hay nada que uno debe evitar más que la tendencia de exigir demasiado de nuestra fuerza, ya que, irremediablemente, eso luego obliga un largo rato de inactividad. La fábula de la liebre y la tortuga siempre seguirá vigente. No tiene sentido correr a toda velocidad y tomar grandes saltos, si uno se pasa el viaje entero soñando o si cada corrida es seguida de un largo período de descanso. El hombre entusiasmado puede ser comparado a la liebre de la fábula. El hombre perseverante es la tortuga, que no sale en busca de romper ningún récord sino que viaja a su propio ritmo constante, pensando sólo en el objetivo final.

No hay nada menos provechoso que un trabajo que se lleva a cabo a rachas. El trabajo desconectado, hecho sin espíritu de continuidad, nunca produce resultados satisfactorios.

Es más, suele separarnos de la perseverancia que forma la base y fundación de todos los grandes logros. Los esfuerzos disparejos, que comienzan con energía febril pero luego son abandonados por un rato hasta que sean reanudados, obtendrán los mismos resultados que un obrero que sigue una idea nueva cada momento, y encuentra que su obra está completamente alterada de su concepto original.

Cada trabajo, sea mental o físico, requiere una integración y una continuidad que sólo se puede obtener con la perseverancia, que no permitirá que ideas extrañas puedan distraer a la mente.

Para poder realizar lo que uno anhela hacer, es indispensable que esa persona esté poseída por una sola idea. Es por esto que deberíamos desconfiar del entusiasmo, porque una vez que nos haya hecho ver nuestros proyectos con un aspecto demasiado atractivo, nos reducirá al desdicho una vez que los veamos despojados al final de todos los adornos imaginarios con los que nos antojó decorarlos. Mientras más ascendemos en decorar nuestros proyectos, peor será el dolor de la caída inevitable; el tiempo que tomaremos para recuperarnos de nuestras heridas se perderá a efectos de perseverancia, a menos que decidamos nunca más caer en esta tentación de sobre valorar las cosas.

El entusiasmo es un enemigo declarado de la coordinación. En cuanto nuestro sentido de continuidad falle, será imposible poder llevar a cabo nuestro plan sin cometer errores que demorarán nuestro progreso, y más completamente mientras más afán tenemos de completar nuestra tarea. La coordinación entre ideas y acciones es vital para poder llevar a cabo cualquier trabajo con éxito.

Si cada etapa de la ejecución del trabajo no es prevista y decidida de antemano y si nuestro entusiasmo y luego nuestro desánimo causan problemas en nuestro plan, hay una grave posibilidad de que todo se detenga de una vez, o que termine en un fracaso total.

En serio, ¿qué se puede esperar de un trabajo que se comienza con todo entusiasmo y luego se deja de lado por un largo rato?

Tampoco debemos negar el factor de la oportunidad. La oportunidad tiene un papel importante en cada trabajo que se hace con perseverancia. Es bueno llevar a cabo cualquier trabajo con inteligencia, pero es aún mejor llevarlo a cabo en el momento adecuado. La oportunidad multiplica el valor de todo.

Ahora resulta que el entusiasmo es el enemigo declarado de la oportunidad, ya que el entusiasmo funciona a rachas. Para el hombre entusiasmado, no existe la moderación. Para él, sólo hay un exceso de trabajo o un período de desánimo, en el que deja de trabajar por completo, declara que ha perdido interés en todo y profesa no tener ganas para nada, hasta que vuelve la llamarada del entusiasmo y es impulsado a reanudar su trabajo interrumpido.

¿Pero entonces qué pasa? El trabajo que se ha comenzado, abandonado y reanudado ya no se le presenta a él en su forma original. Es más, con el tiempo que ha pasado han cambiado miles de detalles. Lo que antes era una novedad ahora es propiedad común, o la moda ha cambiado y ahora ese trabajo descuidado por tanto tiempo necesita ser completamente renovado para tener una chance de ser exitoso.

El trabajador también es consciente de otras influencias. Su energía, al ser dirigida de un lugar para otro por sus entusiasmos y luego destruida por su desánimo, queda inconsistente y carece de coordinación.

Pero esto no es lo peor del caso. Su alma se ha sentido dominada por los varios estados de ánimo que le han arrasado. La frescura de su primera impresión se ha ido con el original calor de su ánimo, que ha sido menguado por los vientos fríos del desánimo. Sus primeras concepciones, al no producir fruto por falta de perseverancia, le han abandonado. Él ha perdido la fe en sí mismo y sus escasos logros reflejan su falta de fe. Si él desea perseverar en su trabajo, él necesitará armarse de fuerzas cien veces más grandes que las que se requerían en el principio.

Es posible que bajo el impulso de una resolución viril él pueda recuperar la habilidad y maestría de su primavera, pero sería muy raro que pueda cumplir por completo sus aspiraciones originales. Eso es algo que sólo se les da a las personas moderadas que en vez de mirar las cosas con demasiado entusiasmo, hacen un pacto con la razón, la madre de toda sabiduría y de la convicción refrenada que conduce a la perseverancia que produce logros y frutos.

El entusiasmo exagerado es desafortunado por más que una sola razón. Luego de haber causado cualquier cantidad de demoras, el entusiasmo exagerado atenta contra la esperanza, esa hermosa estrella cuyos rayos iluminan cada empresa de los que perseveran. Un antiguo proverbio dice: «No hay esperanza de poder esperar para siempre». Cuando somos obligados a ver la estrella en la que confiamos sufrir eclipse y perderse en nubes de oscuridad, terminamos perdiendo toda fe en su luz.

Las personas con ese entusiasmo terco nunca se admitirán a ellos mismos que llevaron su linterna demasiado alta y a un paso demasiado rápido a través de la tormenta, y que dejaron de asegurarse de la calidad del combustible que la alimenta. Ellos prefieren echarle toda la culpa a su mala suerte y por causa de la necedad de sus corazones, la Esperanza, ese amigo poderoso en todo tipo de empresa, desaparece para siempre del horizonte de los que la han llamado demasiadas veces, cuando no había una excusa legítima para su aparición salvo como un espejismo.

CAPÍTULO IV

LA INDECISIÓN, EL ENEMIGO ARRAIGADO DE LA PERSEVERANCIA

La decisión es una virtud más rara de lo que muchos piensan. Aún más rara es la persona que sabe hacer buen uso de esta cualidad.

Cuando decimos «decisión» no nos estamos refiriendo a esas resoluciones instantáneas que son características de las personas tercas y superficiales. La decisión sólo produce frutos cuando es producto de la reflexión y del hábito de la coordinación, cuya práctica nos permite rápidamente discernir las ventajas y posibilidades de cualquier proyecto.

La decisión nunca se puede basar sobre juicios formados de antemano, pues la decisión basa todas sus deducciones en la experiencia, así que es difícil que se apoye exclusivamente en casos antecedentes, ya que ningún evento se repite exactamente de la misma manera.

Luego se toman decisiones rápidas principalmente tomando en cuenta las condiciones del presente, con debida consideración de los eventos relativamente similares del pasado. Sin embargo, es el sistema de principios de estos mismos hechos lo que da lugar a la reflexión, y lo que ocasionará la decisión que simplemente es una mezcla de la observación y la iniciativa.

La habilidad de poder organizar todos nuestros pensamientos y concentrarnos en ellos es el fundamento de una decisión sensata. Al practicar este tipo de concentración mental, uno pronto aprende a no descuidar de ningún detalle de las circunstancias que conocemos de otras situaciones que sean análogas en lo más mínimo a las de la presente situación. Estudiar los detalles así nos presentará con un diluvio de observaciones, que, al ser analizadas en masa, nos dará la evidencia necesaria para formar una buena opinión.

Este es un punto muy importante de resaltar para aquellos que desean obtener la virtud de perseverancia. Si uno no aprende el arte de la concentración, nunca podrá adquirir la habilidad de observar y por lo tanto nunca podrá hacer decisiones basadas sobre el conocimiento exacto de los hechos de un asunto. La reflexión y la concentración son el sol y la luna que iluminan las partes oscuras de nuestra consciencia.

¿Cómo es posible detenerse y tomar una decisión cuando no hay nada que nos indique cuál es el camino que debemos seguir? El hombre que no ha adquirido el arte de la reflexión es como un viajero que se encuentra obligado a elegir un camino en la oscuridad. ¿Acaso no es natural que él se sienta indeciso antes de comprometerse definitivamente a un camino sin saber adónde va y que tipo de obstáculos le esperan?

Este apuro nunca se presenta a los que han adquirido el don de reflexión. Este hábito que ellos han adoptado, de evaluar con cuidado los pros y contras de cada asunto y la concentración que ellos han adquirido, les permite rápidamente evaluar las ventajas y desventajas de las acciones que ellos han previsto tomar. Ellos sólo necesitan unos momentos para pensar y evaluar mentalmente las razones para seguir adelante o retroceder. Su decisión, cualquiera que sea, nunca les causará remordimiento, porque será basada sobre conclusiones definitivas, luego de haber tomado en cuenta todos los aspectos positivos y negativos que puedan afectar el éxito de una empresa.

Esta práctica constante de la reflexión también beneficiará al hombre que la emplea, al desarrollar en él un espíritu de imparcialidad, que es tan necesario para cualquiera que desea mantener sus deliberaciones enteramente libres de falsedad, incluso involuntaria. A las personas que les encanta encubrir la verdad de sí mismas para poder seguir adelante con sus caprichos y justificar sus excusas ante sus propias conciencias, son más comunes de lo que uno piensa. Es por eso que uno nunca debe subestimar la necesidad de ser absolutamente sincero en evaluar algo, aún si la sinceridad lastima nuestro amor propio, y en particular cuando va en contra de algo que nos gustaría mucho hacer.

Para que la decisión pueda ser una de las virtudes que guíe nuestras vidas, no sólo debe ser rápida y de fundación firme, sino que también debe perdurar. No hay nada que obstaculice más a la actividad y a la adquisición de la perseverancia que un constante cambio de ambiciones. El hombre indeciso nunca sentirá la satisfacción de realizar algo. Nunca sentirá la gratificación de ver su trabajo completado, porque mucho antes de llegar a medio camino de su meta, él ya habrá abandonado su proyecto por alguna otra cosa.

La indecisión muchas veces se puede atribuir a un carácter versátil que le provoca a uno de repente abandonar algo que antes había considerado ser valioso. Esta es una tendencia de buscar la satisfacción inmediata, que se complica aún más por el deseo de siempre tener algo mejor. La tendencia lamentable de ver y exagerar fuera de toda proporción lo malo en algo luego de haberlo hecho, es bastante común.

Lamentablemente, la perfección no es algo de este mundo y todos los que la buscan corren el gran riesgo de nunca encontrarse con ella. Pero las personas con mentes versátiles son mucho más incapaces de reconocer esta verdad, ya que para ellos, la búsqueda de la perfección les sirve como excusa para constantemente cambiar sus objetivos. Para ellos, es menos humillante decir: «Aún no he descubierto la perfección», que admitir que ellos han sido incapaces de descubrirla. Este estado de cambio perpetuo le permite a la gente indecisa obtener sólo un entendimiento limitado de cualquier cosa, ya que ellos nunca toman el tiempo para profundizarse en cualquier cosa. Estas personas nunca admitirán su falta de profundidad y como sólo han rayado la superficie de un gran número de cuestiones, les encanta asumir ante todo el mundo el papel de personas desilusionadas.

Hay dos clases de indecisión — la primera es la que recién hemos mencionado, que es una de las características principales de las personas incapaces de logros duraderos. Ni bien comienzan a mostrar interés en un proyecto, estas personas se disponen a encontrar algo malo en él y así darse un pretexto para abandonarlo. Ellos reciben con felicidad cualquier palabra que les aconseje dejar atrás el camino que han estado caminando, incluso consejos superficiales y partidarios. Al mismo tiempo, ellos toman cuidado de no admitir el valor de cualquier consejo que esté a favor de su proyecto. Este tipo de personas siempre anhelan nuevos campos para conquistar y nunca desperdician de una oportunidad para abandonar su trabajo para comenzar algo nuevo. Si las circunstancias le forzaran continuar trabajando sin interrupción, entonces harán su trabajo sin entusiasmo y sin ganas. A sus mentes siempre les atrae el trabajo del futuro y con cada día que pasa más ganas y razones tienen para ir en busca de él.

Las personas indecisas de esta clase suelen hacer resoluciones de un carácter efímero, aunque relativamente rápidas. En cuanto se forma un deseo en su mente, no tarda otro en presentarse y es bien recibido por ellos de la misma manera. Sus vidas son caracterizadas por una serie de contradicciones, que representan bien sus convicciones titubeantes. Es por eso que muchas veces les vemos regresar al un punto original de donde partieron y reanudar una idea que habían abandonado, luego renunciarla de nuevo poco después, y luego intentarla una vez más después de un tiempo. Estas personas nunca conocerán la plena satisfacción que inunda los corazones de aquellos a quien se les otorga el placer de ver sus trabajos realizados.

Esta disposición a cambios rápidos se debe a la manera superficial con la cual ellos toman sus decisiones. Como no han considerado ni por un momento los obstáculos que tienen por delante y su fuerza de voluntad no sirve para nada, uno puede ver cómo están obligados a detenerse ante el primer obstáculo que se encuentran y cómo carecen de la energía para esquivar o superarlo.

La cobardía en momentos que demandan un esfuerzo también produce esta clase de indecisión. Ante la primera instancia de fatiga, la gente indecisa abandona sus esfuerzos, para luego retomarlos y abandonarlos otra vez más. Así se pasan su vida, acumulando una larga serie de esfuerzos malogrados, porque carecen de la perseverancia para llevar a cabo sus decisiones.

También hay el segundo tipo de personas indecisas: los que son tímidos. Estas personas se rodean con todas las garantías y promesas de éxito que pueden encontrar en sus circunstancias y de esta manera nunca tienen una oportunidad para sentir remordimiento por una resolución precipitada. Pero este miedo exagerado de las consecuencias, en conjunto con una desconfianza en sí mismos que nada puede borrar, les previene tomar la decisión adecuada en el momento adecuado.

Cuando los tímidos se encuentran absolutamente obligados a actuar de alguna forma definitiva, ellos lo hacen con tal timidez que casi siempre hace imposible el éxito del emprendimiento. Ellos esperan hasta el último momento para hacer lo que es necesario, pero por causa de su cohibición a raíz de escrúpulos imaginarios, casi nunca lo hacen con éxito.

Si criticamos a las personas indecisas por su falta de visión, entonces los tímidos son todo lo opuesto, ya que pecan al tomar un millar de precauciones que le previenen llevar a cabo su trabajo. Unos se niegan a reconocer las desventajas del camino que les atrae. Los otros ven sólo lo malo de las decisiones que se encuentran obligados a tomar. Las personas superficiales hacen cosas sin reflexionar debidamente y luego tienen que retroceder al notar la incertidumbre del camino que han elegido. Por otro lado, los tímidos nunca logran tomar una decisión y comenzar, y cuando llega el momento de actuar, siempre hay algún obstáculo, sea real o imaginario, que les cierra el camino, o un temor de encontrarse con algo parecido les ofrece la oportunidad de demorarse más.

Los primeros suelen comenzar de noche el trabajo que sólo se puede hacer bien a la luz del día. Los segundos siempre postergan las cosas hasta mañana para terminar el trabajo que debían haber hecho ayer.

Esta tendencia es un obstáculo insuperable para los que desean adquirir perseverancia. Los pecados de omisión suelen ser más graves que los de comisión. Ciertamente son más difíciles de justificar. Uno puede minimizar la importancia de una acción lamentable, pero es más difícil perdonar el descuido y la indiferencia.

Las personas tímidas con frecuencia cultivan demoras tales como las que hemos considerado porque su estado moral se siente cómodo en la inacción momentánea. Uno se equivocaría en pensar que ellos están satisfechos de estar en esa posición, en la cual siguen postergando una y otra vez la decisión que deben tomar hasta que llegue el momento en el cual ya no será posible evitarla. Desde el primer minuto que ellos retrasan la decisión, esa situación se convierte en una verdadera pesadilla de la cual no pueden escaparse. Saber que deben tomar esa decisión tarde o temprano les roba todo el gozo del presente y la agonía sólo se alarga con cada nuevo retraso.

También debemos mencionar que con el pasar del tiempo, las cosas siguen marchando y la acción a tomar sigue acumulando vergüenzas causadas por las demoras. Muchas veces ocurre que las oportunidades acaban desapareciendo o que aparecen una multitud de dificultades que pudieran haber sido evitadas si no se hubiera titubeado tanto.

Existen varias enfermedades físicas y morales en las que viene bien someterse al cuchillo. La indecisión, que sólo causa demoras y previene el éxito en la persona, sirve sólo para complicar las situaciones irreparablemente. Es por esto que vemos como muchas personas enfermas, algunas con síntomas peores que los demás, son curados con la virtud de la paciencia y la perseverancia en un tratamiento que se comenzó al momento apropiado y aplicado fielmente sin importar el dolor o las incomodidades que haya causado. Por otro lado, algunas otras personas que parecían más propensas a curarse, perecen tras un largo martirio cuando sólo necesitaban un poco de decisión y perseverancia para ser sanos.

Muchos problemas mentales se producen en esta inercia de voluntad, cuando las reformas que la situación demanda son postergadas hasta que la ruina se apodera de la mente, cuando una decisión sabia, respaldada por la perseverancia, pudieran haber restablecido la paz y la alegría.

La decisión rápida y certera es un factor indiscutible del éxito, siempre y cuando se lleve a cabo sin debilidad. Como ya hemos dicho antes, es fácil hacer resoluciones rápidas que sin embargo exhiben el sello de la sabiduría, sin quebrar las reglas de prudencia. Primero se necesita la reflexión, luego la deducción y finalmente la experiencia, que se basa sobre toda la información que hemos recabado, y todo esto nos ayudará en gran manera para formar una opinión fiable, es decir, una opinión con muy buena probabilidad de demostrarse fiable.

Nuestro razonamiento nunca podrá ser inimitable o infalible; por cierto, cualquiera que alardea de nunca estar equivocado sería bastante presuntuoso. Pero debemos reconocer que las personas que han observado con cuidado los hechos del pasado y han aprendido todas las lecciones de la vida que la experiencia les ha enseñado, tendrán mucho menos chances de fracasar.

Sin embargo, todo ese esfuerzo será en vano si ellos no se entrenaran para darle a sus decisiones el don de la continuidad.

Para poder tomar decisiones de forma más rápida, es bueno comprobar a nosotros mismos nuestro nivel de percepción. Para hacer esto, uno debe imaginarse a sí mismo como que estuviera obligado a hacer ciertas resoluciones, cuyos resultados pueden ser determinados, pero uno debe procurar tomarlas con la mayor rapidez posible, pero con toda la sabiduría a nuestra disposición. Con decisiones así, uno debe tomar en cuenta nuestras experiencias diarias y obligarse a siempre decidir con total seriedad. Por lo tanto, cuando uno está por hacer una decisión, uno debería tomar cuidado de no cambiarla a último minuto, especialmente si amenaza con tener un resultado desagradable. Esta condición nos enseñará una lección muy práctica. Servirá como evidencia de que nuestra falta de reflexión ha dictado la acción que queremos llevar a cabo, y seguramente obtendremos resultados no deseables, que probablemente harán que seamos mucho más cuidadosos al tomar decisiones en el futuro.

Esta clase de dedicación inquebrantable a un fin dado la podemos practicar en cuanto a asuntos intelectuales en exactamente la misma manera y con igual provecho como cuando la practicamos en nuestras vidas cotidianas. Si emprendemos alguna tarea, debemos comprometernos a llevar a cabo nuestro trabajo, sea lo que sea. Esta seriedad en cumplir con nuestras resoluciones será una de las ayudas más grandes en nuestra vida diaria.

No hay nada que lleve a más personas por un mal camino que los sueños de la gente irresoluta. Para que uno siga su dirección, ni bien se prepara para comenzar algo, cuando uno de repente debe desviar su atención y esfuerzos del presente asunto y fijarlos en un esfuerzo no relacionado. Si uno protesta vigorosamente y de alguna manera logra disuadir a este tipo de persona de persistir en su segundo proyecto, por fin lo abandonará con mucha pena y nunca dejará de lamentarse, a pesar de toda la evidencia que tenga en su contra.

Las personas indecisas ven las ideas que han abandonado en términos favorables, mientras que sólo ven dificultades en las ideas que han decidido seguir. Ellos nunca disfrutan del gozo que hay en cualquier placer. ¿Están por salir de casa? Entonces extrañan la comodidad de su hogar. ¿Se quedarán en casa? Salir a caminar comienza a sonar como una idea más agradable y se quejan de la necesidad de quedarse como si fuera un encarcelamiento. Para ellos la vida es nada más que una serie ininterrumpida de remordimientos. Ni bien han fijado su mente sobre una decisión cuando comienzan a sufrir por no poder actuar de una manera contraria.

Tanto sus vidas intelectuales como sus vidas físicas son afectadas por este terrible defecto. Ni son capaces de escoger un libro para leer. Ni bien comienzan a trabajar en algo que han decidido hacer cuando empiezan a arrepentirse por el proyecto que acaban de dejar. Si por casualidad volviesen al último trabajo, encontrarán aún menos interés en él que en lo que han abandonado.

Esta es la forma pesimista de la indecisión. La forma optimista no es para nada menos peligrosa. En lugar de ver lo malo en las cosas que tienen o las decisiones que han tomado, los optimistas indecisos ven todo en color de rosa. Sin embargo, las cosas que han abandonado siguen siendo atractivas.

Una antigua fábula cuenta que hubo una vez un burro parado entre dos fardos de heno, cada uno más apetecedor que el otro. El pobre burro se murió de hambre al no ser capaz de decidir cuál de los dos fardos comer primero.

Algunas personas indecisas son muy parecidas a este famoso burro. No ven desventajas en ninguno de los muchos proyectos que se le presentan. Cuando llega el momento de decidir, ellos se niegan a ver nada más que lo favorable y positivo en esos planes. Al titubear entre una cosa y la otra, muchas veces pierden las oportunidades, que desde ya son difíciles de retener en cualquier momento y que raras veces se dignan de regresar a los que dejaron de aprovecharlas alguna vez.

Para llevar una vida cómoda, es imprescindible practicar el arte de hacer resoluciones. Al escoger los eventos de la cuales somos partícipes como los objetos de este ejercicio, tendremos la facilidad de controlarlos. Por lo general, es una buena idea aplicar toda nuestra concentración en las decisiones difíciles, como por ejemplo, las que tienen que ver con las personas con quien nos asociamos. El futuro será el que nos dejará saber si hemos tomado las decisiones correctas.

También es imprescindible preocuparnos sólo con hechos que producen resultados que no nos pueden pasar desapercibidos. Es obvio que es bastante inútil interesarnos en las circunstancias de las cuales desconocemos los principales resultados, ya que en casos así, estamos obligados a sólo adivinar, y no podemos hacer predicciones en base al conocimiento de los hechos. Una vez que el resultado haya comprobado nuestro juicio, no tendremos más razones para dudar en nuestras capacidades en esa dirección y luego la decisión, producto de la reflexión seria, formará parte de cada una de nuestras acciones.

La lógica detrás de nuestras deducciones no nos permitirá dudar de su precisión ni por un momento y así podremos seguir nuestro objetivo con perseverancia; el éxito pronto llegará para coronar nuestros esfuerzos y nos recompensará por una empresa realizada con tanto coraje y sabiduría.

SEGUNDA PARTE

PERSEVERANCIA: SU ADQUISICIÓN Y SUS EFECTOS; EJERCICIOS PRÁCTICOS

CAPÍTULO V

CÓMO DESARROLLAR PERSEVERANCIA

Como muchas de las virtudes que demandan el uso constante de esfuerzo y voluntad, la perseverancia no suele ser un don natural. Por cierto, puede ser que algunas personas estén predispuestas hacia la perseverancia, sea por su carácter, por sus sentimientos estables, una cierta tendencia hacia la reflexión o una predisposición hacia la paciencia. Pero ellos no podrán sacar el máximo provecho de esta virtud si no saben emplearla de una manera racional.

Para obtener una maestría sobre el arte de la perseverancia, se necesitan dos clases de estudios: uno que demanda un esfuerzo mental y otro que requiere un esfuerzo físico. Hablaremos del segundo en el capítulo que sigue. Antes de cualquier preparación física para conquistar la perseverancia, es importante educar y ejercitar a nuestras mentes al practicar la voluntad, el control propio, la deducción y todas las otras cualidades que forman parte de la perseverancia, hija de la sabiduría y la esperanza.

Uno de los enemigos principales de la perseverancia es la necesidad de soñar que aflige a tanta gente. Son pocas las personas que son lo suficientemente sabias como para estar contentas con su estado presente, sin enredar a la realidad con sueños que no tienen cabida ahí. A estas personas les encanta decir que ellos aprecian un ideal y luego usan eso como punto de partida para transportarse hacia la tierra de las visiones. Existe una gran tendencia de confundir estos dos conceptos, o mejor dicho, las dos cosas que representan.

Un ideal no es un sueño que nunca puede ser realizado, como a muchas mentes débiles les gusta conjurar para excusar sus críticas de la vida. Tampoco es una de las especulaciones difusas o insustanciales que son favoritas de las mentes titubeantes. La gente que sufre de esta condición suele pasar su tiempo contemplando ideas más o menos abstractas, cuyo fin es por lo general, nebuloso y sin definir. Con cierta pretensión, catalogan esto como «sus ideales» y los usan como excusa para defender su ocio mental.

Sin embargo, tener un ideal sí es indispensable — no un sueño confuso o una aspiración quimérica, sino algo similar al que menciona Harold Mansfield, que dice: «Un verdadero ideal no es una meta definida que al ser cumplida deja a la mente inactiva. Es un impulso constante hacia un deseo, que por medio de realizaciones tangibles, nos da el coraje para perseverar. Es un esfuerzo constante hacia algo entero, cuya realización parcial nos brinda satisfacción y ánimo». Luego lo describe de esta manera: «Uno puede comparar un ideal a una cadena, en la que cada eslabón se agrega al que le precede para formar un lazo fuerte que se alarga continuamente». Por lo tanto, un ideal es una aspiración dominante hacia la cual todas nuestras acciones son dirigidas en forma de empresas sucesivas, cada una de ellas contribuyendo hacia su formación continua.

No hay ninguna situación en la vida, por más modesta que sea, en la cual no sea de beneficio tener un ideal. Un obrero tendrá la aspiración de convertirse en dueño de su taller y él hará cada detalle de su trabajo para lograr hacerlo. Esto no implica que una vez que el ideal haya sido realizado, que dejará de existir. Todo lo contrario. El ideal simplemente cambia.

Cuando ya se haya convertido en dueño del taller, el ideal de nuestro obrero será distinguirse entre todos los que comparten su profesión. Esta misma aspiración hacia cosas mejores, mientras busca en todo tiempo una sola meta, puede encontrar satisfacción en una serie de victorias, cada una de ellas siendo un paso hacia un fin deseado.

Un ideal puede aproximarse al mundo de la fantasía en cuanto al nivel de perfección que uno desea llegar, sin convertirse en una quimera. Por ejemplo, para algunos artistas será el deseo de crear una pieza de arte perfecta y progresarán continuamente hacia ese ideal por medio de una serie de obras. Para cada uno de nosotros, el ideal será una meta cuya altura puede que sea demasiado perfecto para alcanzar fácilmente, pero que nos servirá como defensa contra el deterioro mental.

Los sueños vagos y difusos entonces son enemigos de la perseverancia, ya que nos ciegan por el momento de nuestra meta principal, sustituyéndola por caprichos pasajeros y metas diferentes. Estos sueños obstaculizan el progreso de la perseverancia al ofrecerle material de varios tipos y muchas veces de carácter contraria. Su fruto es la variabilidad, que conduce a nuestras mentes por toda clase de caminos diferentes y nos hace aceptar y rechazar resoluciones opuestas. Esto acostumbra a nuestra mente a aceptar una saciedad falsa, que oculta el hambre pero nunca la satisface. También disfraza a la verdad de varias formas y planta la semilla de la desilusión, que por cierto es muy parecida al desánimo.

Más que nada, los sueños vagos son un gran enemigo del pensamiento. Son como la hiedra que se apresura para atentar contra las ideas sanas y en poco tiempo las ahoga hasta que mueren con sus bucles enredados e inútiles.

Saber pensar es una de las condiciones más favorables para poder conquistar el arte de la perseverancia. Darle a una persona la capacidad para pensar es brindarle la herramienta más poderosa de conquista. Es a través de nuestros pensamientos que podemos aplicar y utilizar las energías que yacen dormidas dentro de nosotros mismos. Gracias a la fuerza de esta virtud, podemos doblar cosas físicas según nuestra voluntad y también podemos liberar nuestras almas de la esclavitud de los impulsos inútiles. Es por medio de pensamientos razonables que podemos hacer deducciones confiables de los eventos que observamos. Estas mismas servirán como fundación para lo que se conoce como previsión.

Cuando hablamos de previsión, no nos estamos refiriendo a ese tipo de adivinación cuyo poder oculto muchos celebran y atribuyen a medios misteriosos. La previsión no es nada más que el arte de poder hacer predicciones certeras basadas sobre nuestras observaciones serias, exhaustivas y penetradoras. Este es el secreto de los que se proclaman adivinos, que crean sus profecías sobre una base de estudio profundo del tema que tienen bajo consideración.

Muchas personas se pierden en el entusiasmo por algunos adivinos, sin tomar un momento para considerar que, en la mayoría de los casos, sus predicciones dependen sólo de una simple previsión y observación.

¿Qué suelen pensar las personas de alguien que está ansioso por ver su futuro? Seguramente que él no está contento con su presente. Las personas felices están más que dispuestas a detener el paso del tiempo y no demandan nada del futuro, al cual no le tienen ningún miedo. Con esto, entonces, ya hemos aprendido un poquito de información.

¿Qué le suele pedir uno al destino? Felicidad, por supuesto. ¿Pero de qué tipo? Existen dos clases de felicidad que incluyen a todas las demás.

> Primero: La buena fortuna, que abarca la gloria, fama y riquezas.
>
> Segundo: Sentimientos, personificados de varias maneras.

Con un poco de observación y experiencia uno puede notar si la persona puede ser catalogada como ambiciosa o sentimental. Hay muchos factores que pueden brindar información útil: la edad de la persona; si es mujer, si lleva anillo de matrimonio o no; la clase de preguntas que hace; su apariencia personal. Si el clima ha estado malo, los zapatos sucios indicarán avaricia o apuros. Un saco bien desgastado en los codos y con puños tersos indicará un trabajador de oficina —o si tiene puños como nuevos esto indicará alguien que ha cuidado bien de su saco.

No es necesario deliberar más sobre las sutilezas de la observación que han sido tan popularizadas por los autores de cuentos de detectives. Simplemente queremos resaltar que la previsión se puede ejercitar fácilmente siempre y cuando esté respaldada por una buena observación de los detalles.

Uno suele hablar de milagros cuando estas predicciones, basadas sobre deducciones cuidadosas, se cumplen, como casi siempre sucede. Uno puede estar seguro que las personas que hacen estas predicciones toman mucho cuidado de no revelar sus métodos a los pobres tontos que engañan.

Pero si en vez de usar esta habilidad observadora para el charlatanismo, uno la desarrollara para usarla en el mundo real, uno podría obtener verdadero éxito en la vida a través de ese poder deductivo, que nos permite ver lo que ocurrirá en el futuro.

Luego de haber observado con paciencia, uno podrá ejercitar esta previsión para formar juicios certeros cuyos resultados podrán ser observados fácilmente. Por supuesto hasta las predicciones más precisas pueden ser descarriladas por algún accidente causado por una dificultad no prevista. En tales circunstancias, la perseverancia viene a nuestra ayuda para que podamos superar esas dificultades y nos da la paciencia y resistencia que necesitamos para combatirlas.

La perseverancia está compuesta tanto por una serie de acciones como por aguantar expectaciones aplazadas, y estas últimas suelen causar más sufrimiento que los reveses de la suerte. La persona que se compromete a adquirir perseverancia debe armarse a sí mismo contra la impaciencia que siempre resulta de la inactividad causada por las circunstancias opuestas.

Sin embargo, hay casos en los que la mejor táctica es preparar una energía sutil, lista para hacerse presente cuando se necesite, pero lo suficientemente fuerte como para mantenerse oculta cuando es apropiado, antes que darse el lujo de resistencia poco razonable. Para que uno se pueda acostumbrar a guardar este poder latente dentro de sí mismo, se recomienda que uno desarrolle su voluntad hacia este fin.

Primero, uno debe reprimir los movimientos impacientes que son causados por las demoras u otras molestias. Uno debe aprender a mantener el silencio cuando entra en un argumento, en lugar de protestar exageradamente. Uno también debe obligarse a detenerse antes de ofrecer una respuesta, tomando al principio unos minutos y luego, a medida que uno vuelve más seguro de sí mismo, tomando más tiempo según la situación, y durante este período uno debe suprimir cualquier seña de nervios.

Luego, cuando llegue el momento de comprobar nuestra paciencia, uno debe aplicarla y al mismo tiempo observarse a sí mismo y empeñarse para batallar todo defecto que pueda oponer el desarrollo de su paciencia.

Como ya hemos notado, para poder perseverar, es indispensable tener fe absoluta en los proyectos que emprendemos. Si nuestro proyecto tiene una fundación solida; si lo hemos estudiado lo suficiente; si hemos sido sabios en nuestra observación y deducción para asegurar nuestro éxito; si tenemos la paciencia y hemos seguido todos los consejos de la perseverancia, el fracaso nunca será nuestro resultado.

Los filósofos dicen que todas las posibilidades existen desde el momento que admitimos la posibilidad de su existencia. Es imposible explicar de mejor manera el valor de la fe en uno mismo en todo lo relacionado con el éxito. Cualquier idea de dificultades será echada afuera desde el momento que la convicción del éxito tome raíz en nuestra mente. Para implantar esa convicción, no hay nada tan efectivo como tener confianza en nuestras propias habilidades.

Sería necio tratar de negar el poder que hay en las palabras. A continuación hay un proceso que uno debería emplear para fortificar la resolución para perseverar. Varias veces durante el día, cuando tengamos un momento a solas, debemos pasar varios minutos juntando todas nuestras fuerzas de voluntad y decir con voz firme: «¡Esto será un éxito!» Cuando esa idea ya haya sido implantada en nuestra mente gracias a la repetición, entonces debemos agregar: «...porque es imposible que fracase».

Este ejercicio de fortificarnos es un buen ejercicio para hacer todas las mañanas al levantarnos. Estas palabras deberían ser nuestro lema durante todo el día. Gracias a ellas, la confianza penetrará nuestra mente, motivándonos a perseverar para poder lograr con éxito las cosas que anhelamos hacer.

Es igual de importante y necesario irse a dormir con la idea del éxito grabada en nuestras mentes. Para hacer esto, uno debe repetir las frases de la mañana varias veces antes de acostarse. Estas palabras positivas de inspiración se aferrarán a nuestros pensamientos inconscientes y nos ayudarán a prepararnos para el día de mañana con la energía necesaria para formar resoluciones que perduran.

Debemos aclarar que estamos hablando sólo de planes y proyectos racionales, los cuales cumplen todas las condiciones que mencionamos en el comienzo de este capitulo. Si nuestro proyecto es demasiado fantástico, todas nuestras frases de inspiración sólo podrán producir consecuencias lamentables. Sólo servirán para fortificar a las obsesiones que nos están dominando.

Esto nos presenta una buena oportunidad para comentar sobre ese dicho filosófico que dice: «Todas las posibilidades existen desde el momento que admitimos la posibilidad de su existencia». Pero no debemos olvidar que hasta los autores que escriben mucha de la literatura que leemos de vez en cuando cometen el error de ver posibilidades donde no las hay. Este error es lo que caracteriza a las personas «fracasadas», que no han tenido éxito en sus carreras, que han intentado toda clase de proyectos sin valor, o no tuvieron la energía para perseverar con un plan bien concebido. A estas personas les encanta criticar el éxito de los demás. Si ellos no lo pueden negar por completo, entonces hacen todo lo posible para minimizarlo y a veces hasta logran hacerse dudarlo. Estos personajes condenan todo trabajo de buen mérito y halagan sólo lo que ellos piensan ser sumamente valioso. Ellos hacen un gran drama al criticar trabajos útiles y razonables para poder comprometerse con planes fantásticos que nunca darán fruto.

Para esta gente, existe una sola cosa que no merece su desprecio. El dinero bien merecido nunca es menospreciado por nadie y siempre es la marca y la recompensa del éxito verdadero. Por suerte ya no vivimos en un tiempo cuando era común ver a los genios padeciendo en un hospital. Aunque quizás no siempre sea recompensado según sus méritos, el talento no suele ser despreciado hoy en día. Los inventores reciben una cierta cantidad de dinero, ya sea grande o pequeña, por sus inventos. Si al publico le agrada su arte, los artistas pueden vender sus obras. Los músicos reciben mucho dinero por tocar sus temas. Por cierto, todos los que tengan un talento que sea apreciado pueden vivir muy cómodamente gracias a sus dones y su trabajo.

Sin embargo, hay muchas personas que a pesar de tener cualidades superiores, aún siguen siendo desconocidos totales, mientras que muchos otros con menos talento se pasean por el mundo bañados de orgullo y de la gloria de su buena suerte. ¿Porqué siguen padeciendo en la oscuridad? Algunos dirán que es por que son modestos.

Si así fuera el caso, entonces sería imposible llorar por su falta de éxito. Una persona que anhela ser exitosa no debe ser modesta. Cuando uno está plenamente convencido del valor de su propio labor, uno no pierde tiempo lamentándose. La gente tímida se lamenta, porque es incapaz de tomar decisiones serias o actuar sobre ellas. Ellos no tienen fe en sí mismos y dudan de sus propias habilidades. Si es así, ¿entonces por qué deberíamos nosotros creer en ellos? Si tienen tantas dudas de sus propios méritos —y se supone que ellos deberían conocerlos mejor que nadie—, entonces ¿que razón tienen para quejarse cuando nosotros no creamos en ellos?

No hay ninguna enfermedad tan contagiosa en este mundo como la falta de confianza en uno mismo. No sólo se duda de uno mismo, pero también de los demás, ya que estos tipos de dudas se forman tan rápidamente. Es por esto que uno nunca le cree por completo a alguien que proclama sus conocimientos o sus habilidades, sabiendo que cada ser humano suele juzgarse a sí mismo con un cierto favoritismo.

¿Como puede uno confiar en alguien que desde el inicio, habla o actúa de una manera que delata la poca confianza que él tiene en su propios talentos? Cuando uno se encuentra con una humildad demasiado exagerada, es imposible no concluir que existe por causa de una ineptitud incurable.

Es cierto que a veces la ambición asume la apariencia de la humildad con tal de no provocar a nadie. Uno se endurece para detener la llegada a la primera fila de alguien cuya superioridad declarada pueda amenazar a otros que aspiran el mismo lugar, pero permite pasar sin problemas a alguien que por su apariencia humilde no parezca ser un rival. Hay muchas instancias bien documentadas de personas que han usado este método para llegar a la fortuna. No sólo fueron permitidos introducirse entre los seguidores de esta diosa tan adorada, sino que muchas veces también fueron ayudados por otros servidores de ella a ocupar un lugar entre ellos, con la esperanza de cerrar, por este medio, el paso de rivales más peligrosos. Fue sólo después de esto que ellos levantaron su perfil y le demostraron al mundo lo que eran capaces de hacer.

A lo largo de nuestra historia podemos encontrar muchos casos de personas, que como Marco Bruto, han tomado el cuidado de mantener sus ambiciones ocultas hasta que llegue el momento de anunciarlas al mundo. Estas personas también son perseverantes. La pregunta entonces es si deberíamos denunciarlos o usarlos como modelos a seguir. Ya que sus métodos no tuvieron nada que ver con el fraude o el engaño, podemos confiar en que ellos son dignos de nuestro respeto. Se puede decir de este tipo de personas que son una fuerza para tener en cuenta.

En cuanto al método intelectual a seguir para adquirir la perseverancia, también hay otros principios que debemos observar.

Un hábito excelente que se recomienda para todos es la costumbre de analizar los medios que se requieren para dar los pasos iniciales de cualquier emprendimiento de manera que se pueda obtener éxito al final. Al aplicar este tipo de estudio a proyectos que son desconocidos para nosotros, o sea que somos desinteresados, podemos dar rienda suelta a nuestro espíritu analítico sin riesgo, y la experiencia pronto nos recompensará con muchas lecciones valiosas.

Un filósofo Latino también nos ha dejado un buen consejo, diciéndole a sus discípulos: «No dejéis pasar ni un día sin lograr algo, por más insignificante que sea». No podemos dejar de destacar que la perseverancia siempre está compuesta por esfuerzos sucesivos. Es una serie de acciones, que de forma individual tienen poco valor, pero que al ser repetidas varias veces día tras día, acumulan un poder que las acciones apresuradas y desconectadas jamás podrán igualar.

¿Qué viajero no ha tomado un momento para reflexionar sobre el valor de la perseverancia al entrar a la basílica de San Pedro en Roma? Los guías siempre mencionan a los turistas que admiran la enorme estatua de San Pedro, como los labios de los creyentes han desgastado el pie de bronce de la estatua. Al tocar el pie del apóstol, sus labios lo han desgastado como si se hubiese hecho con una lima, y nos brindan un buen ejemplo del poder de la repetición.

La fuerza de voluntad puede superar a los contratiempos y sería necio pensar que podemos obtener éxito con nuestro primer intento, sin primero encontrar oposición y sin tener que comprobar nuestra valentía moral y física contra el fracaso. La perfección siempre será inalcanzable y los que pretenden ser capaces de obtener éxitos sin ninguna dificultad son sólo fanfarrones, llenos de una idea exagerada de sus propios méritos, que sacrifican todo por su vanidad y desprecian por completo los buenos impulsos que nacen de un orgullo saludable. Personas como estas nunca serán perseverantes.

Para poder ser perseverantes, primero deberán conocerse mejor a sí mismos. Deberán aprender a ver con claridad sus debilidades y no exagerar sus propios méritos. Al reconocer sus defectos y sus virtudes, ellos se arman para poder combatir lo primero y mientras tanto se equipan para salir en una expedición de conquista de las cualidades que le faltan.

Así mismo, con el gozo que viene de un deber cumplido de buena gana, ellos finalmente podrán decir: «He hecho todo lo que puedo para llevar a cabo este trabajo con éxito. ¡Yo sé que tendrá éxito porque así creo yo a fuerza de voluntad y porque es imposible que fracase!»

CAPÍTULO VI

EJERCICIOS PRÁCTICOS PARA ADQUIRIR PERSEVERANCIA

Hay un proverbio árabe que dice: «Subir una montaña consiste de una multitud de esfuerzos, cada uno representado por el movimiento de un pie delante del otro que nos sustenta sobre la tierra». Con el lenguaje simbólico típico del medio oriente, este dicho nos muestra que los resultados se obtienen como consecuencia de una serie de acciones. A nosotros nos daría risa que alguien quisiese subir hasta la cima de una montaña con un solo salto, pero alentaríamos a alguien que se preparara bien y saliera, llevando su bastón, para escalar esa montaña.

Mientras que este proverbio promueve la perseverancia, también condena al esfuerzo aislado y desconectado, por más espectacular que pueda ser. Pero con sólo la multiplicidad no basta; también debe haber regularidad. El escritor que produce una página por día en unos años tendrá mucho más material escrito que un hombre que escribe todo el día por unas semanas y luego deja de lado su trabajo por varios meses.

Pero no todos somos capaces de hacer una cierta cantidad de trabajo de día a día. Habrá más de mil incidentes, sean buenos o malos, que nos desviarán nuestras manos de nuestro trabajo diario y las pondrán a la obra en alguna otra tarea. Primero, uno deja de lado su trabajo con la intención de retomarlo de inmediato, pero luego uno se distrae con varias preocupaciones y cuando uno finalmente vuelve a su tarea original, su estado de ánimo ya no es el mismo de antes. La oportunidad de lograr algo que valga ya no es tan evidente como lo era antes y acabamos siendo completamente desalentados, o quizás, lo terminamos haciendo sin orden o convicción.

Esta es una de las menores desgracias que resultan por falta de práctica en el arte de perseverancia. Por cierto, es raro encontrar personas que tengan las semillas de la paciencia y regularidad dentro de ellas. Sin embargo, es posible que cada uno de nosotros adquiramos estas cualidades siguiendo cuidadosamente los ejercicios que ahora presentaremos.

Primer ejercicio: Cuente lentamente hasta ciento veinte y observe con un reloj cuanto tiempo le toma hacerlo. Debería tomar unos dos minutos.

Si uno pronuncia el número 120 antes que el segundero apunte exactamente al fin del segundo minuto, uno debe comenzar de nuevo, tratando de separar los números para corregir la regularidad y el lapso entre ellos para así llegar al número correcto.

Una vez que haya logrado sin mucha dificultad llegar al número deseado, entonces debe prolongar el ejercicio contando hasta 240 y luego 480.

Algunas personas pueden llegar hasta 720, o sea, que por doce minutos ellos pueden fijar su mente sobre la idea de mencionar el numero 720 en el mismísimo momento que las agujas del reloj marquen el fin del duodécimo minuto.

Aquellos que son capaces de entrenarse a sí mismos para poder hacer este ejercicio con facilidad ya tienen una buena fundación de perseverancia.

Segundo ejercicio: Tome una bola de cuerda o de hilo y luego de haberla desenrollado completamente, enrédela lo máximo que pueda. Por los primeros días, sólo le debe asignar unos minutos a este ejercicio, ya que no sería bueno prolongar la prueba más de cinco minutos al comienzo. Uno debe tomar en cuenta los nervios que serán producidos y que esforzarse demasiado no ayudará para nada.

El ejercicio mismo consistirá de usar esos cinco minutos para desenredar esa bola enredada. El día siguiente inténtelo nuevamente, tomando mucho cuidado de no romper los hilos. Como ya hemos dicho, el hilo se debió haber escogido por su resistencia, pero no debe ser demasiado grueso.

Al final de una semana, uno puede prolongar el ejercicio por unos minutos más.

Luego de dos semanas se podrá dedicarle un cuarto de hora. Debemos reiterar que los nudos en la bola deben estar lo más enredado posible y que si uno logra desenredar la bola antes de cumplirse el tiempo, entonces deberá comenzar el ejercicio otra vez más.

Tercer ejercicio: Ponga unos granos de café en un tazón y cuéntelos más de cinco veces en seguida, anotando la cantidad precisa la primera vez para asegurarse de que la cantidad siempre sea la misma.

Después de unos días, use granos de arroz en lugar de café y cuéntelos de la misma manera. Si por si acaso la cantidad resulte diferente, debe hacerlo todo de nuevo y dejar de lado las cuentas anteriores.

Ante la primer seña de impaciencia, pare y camine unos doscientos o trescientos pasos rápidos y luego vuelva al ejercicio, en el que debe persistir hasta completarlo.

Cuarto ejercicio: Aunque este ejercicio nos brinda una lección excelente acerca de la perseverancia, también será muy útil para los que quieren aprender a tocar un instrumento musical, ya que les ayudará a desarrollar flexibilidad en los dedos.

También será bastante útil para todos los demás, sin mencionar el ejemplo que da de la aplicación de perseverancia, porque al enseñarles a mover cada uno de sus dedos de forma independiente, reducirá la torpeza innata de los dedos y aumentará la fluidez de los movimientos de la mano.

El ejercicio comienza con extender la mano sobre una superficie plana, como una mesa por ejemplo. Uno luego debe intentar extender y doblar cada articulación de sus dedos cuatro o cinco veces, mientras tanto tomando cuidado de que cada acción no cause un movimiento en el dedo vecino.

Cuando uno haya logrado hacer esto, puede aumentar la cantidad de estos movimientos, haciéndolos hasta diez o veinte veces seguidas.

Este ejercicio debe hacerse sin apuros y con la máxima regularidad posible.

Quinto ejercicio: Coloque ante usted dos tazones de cristal de la misma capacidad, uno lleno de agua y el otro vacío.

Con una cuchara, uno debe transferir el agua del primer tazón hacia el segundo, tomando toda precaución para evitar derramar la menos agua posible.

Este ejercicio debe ser hecho lentamente, con regularidad y sin ningún tipo de impaciencia.

Sexto ejercicio: Luego de haber estimado su fuerza muscular, uno debe comprometerse a lograr levantar un peso más grande de lo que puede antes de comenzar el ejercicio.

Por cierto, uno debe comenzar con un peso que pueda manejar con facilidad y debe practicar alzarlo por varios días, hasta que lo pueda hacer sin problemas y sin fatiga.

Cuando haya logrado hacer esto, uno deberá agregar un gramo extra de peso y alzar ese peso por dos días. Luego de esos dos días, agregue un gramo más al peso original. Esto se debe repetir hasta que llegue el punto donde se haga presente la fatiga.

Ante la primer dificultad, uno deberá seguir levantando ese mismo peso cada día, tomando cuidado de no cambiarlo de ninguna manera. Después de unos días y cuando ya haya logrado levantar ese peso sin inconvenientes, uno puede aumentar el peso otra vez más.

Este ejercicio se puede repetir de varias maneras para aumentar la flexibilidad o la fuerza que uno desea tener, ya sea por medio de caminar, saltar o cualquier otro deporte. Es sólo a través de medir nuestros esfuerzos físicos que podemos lograr lo que tanto deseamos hacer.

OBSERVACIONES GENERALES

Antes de comenzar estos ejercicios, es importante prepararse bien, respirando hondo varias veces. Para hacerlo, uno debe pararse erguido, con el pecho bien hacia adelante, los pulmones extendidos hacia afuera y la espalda derecha. Luego, uno debe llenar sus pulmones a su máxima capacidad y dejar salir el aire lo más lento posible.

Este ejercicio está diseñado para producir compostura, por medio de asegurar que los pulmones funcionen de manera correcta y regulando la circulación. La compostura es una condición esencial de la maestría de la perseverancia.

Otro punto muy importante de observar es la importancia de nunca intentar sobrecargar nuestras fuerzas. El desaliento es enemigo de la perseverancia y esto tiene una explicación muy natural. Cualquier tipo de esfuerzo conduce hacia el cansancio, haciendo que nuestra meta se vea menos favorable, hasta que llega el momento cuando se hace imposible continuar. Las memorias de esa dificultad que hemos pasado forma parte de la aprensión que tenemos contra los esfuerzos en el futuro y disminuye nuestro desempeño, hasta que llega un momento en el que encontramos otro pretexto para abandonarlos por completo.

Mientras uno hace estos ejercicios, fijar su mente sobre ellos y no permitir que ninguna distracción le afecte, es indispensable. Es por eso que al comenzar, es importante no tratar de hacer nada que no pueda ser concluido rápidamente, para poder mantener control sobre nuestros pensamientos y no permitir que se nos escape la idea. Si a pesar de todos nuestros esfuerzos nuestra mente se distrae, será necesario rechazar cualquier ganas que tengamos de caer en nuestra debilidad. Deberemos regresar la mente bruscamente al tema bajo consideración, multiplicando nuestra atención y concentrando nuestra mente sobre la tarea que tenemos a mano.

También existe otra recomendación importante que no debemos ignorar. Perseverar en una tarea cuando aún hay otro trabajo que falta completar es desastroso.

Debemos aclarar que no estamos hablando de varias cosas que quizás sean necesarias de hacer para poder acabar con una tarea, que por cierto, contribuyen hacia la perfección de nuestra labor. Aquí sólo nos preocupamos por los trabajos similares, en los que comenzar uno implica una interrupción absoluta en otro. Como nos explica un viejo cuento noruego, es imposible parar de hacer un cierto tipo de trabajo para poder comenzar a hacer otro sin dividir nuestras energías.

El hombre del cuento tenía que ir de un lugar a otro para poder reunirse con su prometida. El camino directo le pareció ser un poco monótono, así que él decidió tomar otro camino, que también acabó abandonando en favor de otro similar. Sus caminos se siguieron enredando, hasta que perdió vista de su objetivo original por completo. A lo largo de su viaje, él caminó de una aldea a otra por muchos años sin volver a pensar en su destino original, hasta que fue demasiado tarde.

Su camino original ya estaba bastante lejos; él tuvo que retroceder muchas millas y de paso se encontró con muchas otras distracciones y de esta manera, no alcanzó el fin de su viaje hasta que ya había pasado muchísimo tiempo caminando por esta tierra.

Su prometida de hace tantos años, que se había esperado por él en vano, ya se había comprometido con otro.

Mientras tanto, el viajero se encontró solo, pobre, sin amigos y encarando la vejez sin un puesto al lado del hogar que debía haber sido suyo.

Aquellos que no son capaces de perseverar sobre un sólo camino que los guíe hacia una meta en particular son como este hombre. El trabajo que es desperdiciado no trae gozo y nunca producirá fruto. Para que valga algo, el trabajo de hoy debe ser ligado al de todos los días que han pasado antes de él, que ayudarán a darle fuerza, ámbito y lo ensancharán. Las leyes de la inercia y de la acumulación de energía son basadas sobre esta misma observación.

Ninguna máquina puede encenderse a toda velocidad. Debe ocurrir una serie de movimientos necesarios con un orden especifico para que la rapidez y la regularidad puedan aumentar paso a paso. La fuerza propulsora que se acumula no es nada más que el resultado de impulsos del pasado unidos a los del presente y se producirá con toda su intensidad sólo cuando no haya nada que interfiera con su regularidad y precisión. Pero si el proceso es interrumpido por un descanso, entonces la fuerza será bastante debilitada debido a este paro temporal.

Con esta comparación podemos aprender una lección importante para nuestro estudio para adquirir la perseverancia. Actuar es bueno, pero actuar con sabiduría es aún mejor, ya que sin continuidad o regularidad, ningún mecanismo, por más perfectamente construido que sea, nunca funcionará como uno espera. Este es el principio que uno debe tener en mente al hacer los ejercicios que hemos mencionado en este capítulo.

CAPÍTULO VII

LA PERSEVERANCIA EN NUESTRA VIDA DIARIA

La perseverancia es un aprovechamiento de energía que no sólo se puede aplicar en los momentos más importantes de nuestras vidas, sino que también en circunstancias menos importantes y en nuestras tareas y placeres diarios. La continuidad de esfuerzo no debe ser reservada sólo para los grandes proyectos. Por cierto, deberíamos aplicarla durante todo el día.

En cuanto a nuestra vida diaria, la perseverancia puede ser dividida en dos categorías bastante diferentes:

La perseverancia que es obligada y otorgada a regañadientes.

La perseverancia que es deliberada y voluntaria.

La primera es un estado de sumisión y se acepta con malas ganas. La segunda es un estado de elección. Camina por la luz y es coronado por las llamas de la esperanza. Mientras tanto, la otra merodea en las sombras, rengueando y quejándose. De vez en cuando, se alienta de gracia por un rato, y se resigna a su destino y luego comienza a funcionar de a poco. No se queja más, pero no produce ningún canto de alegría, porque es neutro y gris. Es la rutina.

Primero hablaremos del segundo tipo. Esta clase de perseverancia baña a todo lo que le rodea con su luz. Con sólo un toque de su luz, hasta los objetos más desconsolados se llenan de belleza. Trae gozo y alegría a los corazones de aquellos que la conocen y los que practican sus conceptos. Es la canción de la esperanza, el canto que imparte a todos los cargados la fe de una mañana mejor como recompensa por el trabajo de hoy. Con su ayuda, todas las cosas se hacen simples y claras. La fe que siempre le acompaña le devuelve la vida a las energías decaídas. La fe de un futuro más brillante, hecho realidad por su ayuda, hace que los esfuerzos para realizar ese futuro sean más livianos. Por último, nuestro progreso constante en el camino sobre el que nos guía, que nos acerca cada vez más a nuestro objetivo, nos da fuerzas nuevas cada día para poder alcanzarlo.

Seguro que alguien dirá: «¿Pero como puede existir cualquier otro tipo de perseverancia?»

Lamentablemente, todos aquellos que se ven obligados a ganarse la vida en trabajos insignificantes tienen que sujetarse a la dominación del segundo tipo, aunque sea solo por el momento. Cada uno de nosotros en un momento u otro hemos sentido las varias amarguras que producen el hábito, la rutina forzada y el trabajo sin alegría.

Pero aquellos que son realmente perseverantes pronto se quitan ese yugo molesto de encima. En vez de resignarse a la rutina diaria de forma melancólica como un buey arando un campo interminable, ellos deciden descubrir algo interesante en su trabajo y concentrarse en eso. Han descubierto que cada trabajo, por más humilde que sea, lleva escondida su propia belleza y merece ser considerado como algo más que un simple castigo del destino.

Cualquier tarea, por más fastidiosa que sea, se hace mucho más interesante para la persona que se compromete de lleno a hacerla, sólo considerando hasta qué grado de perfección la puede realizar, así como creyendo con certeza que se va a realizar en alguna medida. ¿Existe algo más desalentador que sentarse cada mañana en la misma oficina gris y deprimente y pasarse el día sumando cifras? Sin embargo, hay muchas personas que se las han ingeniado para convertir este trabajo anónimo en algo agradable. Ellos ponen su mejor esfuerzo para proseguir sus metas y además de la satisfacción de un trabajo bien hecho, en su trabajo también pueden ver la recompensa de un futuro tranquilo y seguro. Imagínese los sueños de jardines agradables rodeando casitas de campo aseadas que han pasado por las mentes de estos esclavos, contadores y vendedores, durante sus largas horas de trabajo. Ellos saben muy bien que esas montañas de cifras y números pueden ser lo que últimamente les permitan adquirir su propio Edén; vuelven a esforzarse en su trabajo con coraje, habiendo reconocido y aceptado que la perseverancia podrá convertir esas promesas en una hermosa realidad.

El hombre que no sabe practicar esta virtud quizás pueda lograr dar alguna imitación por la continuidad de sus esfuerzos, pero como él realmente carecerá de energía y actividad, al final sólo se encontrará con amargura. Lo que realmente siente es su cansancio. Podemos asumir que sus placeres son escasos, porque él no hace nada para prepararse por ellos. De esta manera, el hace su trabajo envuelto en una fiebre de descontento. Si es posible, él hará todo lo posible para eludirlo, pero cuando no tenga más opción que desempeñar su trabajo por completo, él lo hará sin alegría, sin iniciativa y sin ningún esfuerzo por mejorar su condición. Él permanecerá en las filas de su trabajo, sólo marcando tiempo sin poder descubrir dentro de sí mismo la energía para llevar a cabo las acciones que pueden sacarle adelante y distinguirlo de la multitud.

También hay un tercer tipo de hombre, que es esclavo de esa clase de perseverancia falsa que conocemos como rutina. Él deja pasar día tras día, comenzando cada mañana el trabajo que dejó de lado la noche anterior, trabajando sin entusiasmo pero nunca admitiendo que quizás sea posible no tener que hacer este tipo de labor. Todo su ser es una protesta en contra del mejoramiento. Él teme de la mejoría como teme a un desastre y odia a los cambios.

Aún así, él no está contento con su destino. Él te dirá con toda honestidad que no es algo digno de envidiar. Sin embargo él tomará toda precaución de no hacer el más mínimo esfuerzo de mejorar su condición.

Hasta ahora sólo hemos hablado de aquellas personas que practican la perseverancia, o que por lo menos creen en practicar varios grados de ella y de toda clase de puntos de vistas opuestos.

También existe otra clase de persona cuyas vidas son aún más lamentables que las de esclavos de rutina o aquellos que deben perseverar contra su propia voluntad. Estas son las personas débiles que no pueden hallar el coraje para realizar ninguna serie de esfuerzos de ningún tipo. Lamentablemente, estas personas están completamente condenadas a ser victimas de una mala suerte que no podrán detener.

Si sus medios se lo permiten, seguirán viviendo sin trabajar y se arrastrarán por una vida llena de decepciones, ya que en este mundo, nada se obtiene sin esfuerzo, ni siquiera las cosas que se consiguen a cambio de dinero. Sus artimañas inestables les dejarán sin satisfacción y abandonarán todos sus proyectos ni bien los comiencen, siempre cayendo victimas del temor a las dificultades para llevarlos a cabo.

Debemos entender la verdad innata en el dicho que advierte que sin dolor no hay placer. Cada tipo de diversión demanda un esfuerzo continuo. No se puede completar un viaje en comodidad sin que primero haya sido bien planeado, para poder evitar todo tipo de complicaciones que causarán desvíos y derrotarán nuestros planes de conexiones. Toda clase de arte requiere un tipo de cultura que sólo se puede adquirir por medio de un gran esfuerzo. Crear una fortuna implica la necesidad del trabajo sostenido.

Lo mismo se puede decir de la mayoría de nuestros pasatiempos comunes, como bailar o hacer deportes, ya que cada uno de ellos requiere una serie de esfuerzos preparatorios de nuestra parte, para poder mejorar nuestro rendimiento por medio de ejercicios, los cuales, si no se hacen bien, no parecerán ser nada más que cansancio y provocarán la pérdida de interés.

La perseverancia entonces es la virtud que guía nuestra vida diaria. Es más, a ella le debemos la creación y preservación de nuestras fortunas.

Todos conocen bien el valor y el poder de ahorrar dinero. Sin perseverancia, es prácticamente imposible practicar esta virtud. Usamos la palabra imposible a propósito, porque la economía diaria no suele consistir de grandes sumas de dinero. No suele ser común que tengamos la oportunidad de ser económicos con billetes de mil dólares, pero a lo largo de un día somos tentados muchas veces a gastar una cantidad de dinero de un valor insignificante, si uno lo considera como un solo billete , pero se convierte en una suma importante al ser multiplicado por tiempo indefinido.

J.B. Withson dice: «La forma más practica de economía no tiene nada que ver con grande sumas. Las oportunidades de pagar con billetes grandes son pocas y raras, mientras que durante un día tenemos cien oportunidades de gastar monedas, que por sí mismas ciertamente son insignificantes, pero al fin del día, cuando son multiplicadas por 365, llegan a ser una suma bastante respetable».

También agrega este consejo sensato: «Si estamos dispuestos a actuar en buena fe hacia nosotros mismos y tomamos en cuenta la cantidad pequeña de placer que hemos recibido de estos gastos contra el valor total de todas estas mismas, tendremos que confesar que no han valido la pena».

No hace falta repetir los cálculos asombrosos pero correctos que muchos otros han hecho que demuestran el valor de apartar unos centavos cada día y ahorrarlos.

Sin embargo, será una gran ayuda para nosotros echar un vistazo a nuestro alrededor para comprobar que las personas que son sabias en sus ahorros por lo general pueden permitirse al fin y al cabo, gracias a sus recursos acumulados, muchas más comodidades en la vida que ciertas personas pródigas que han vivido mucho mejor a lo largo de sus vidas, en cuanto a dinero se refiere.

Así podemos ver que sin perseverancia es imposible ser económicos. Sin ella, siempre perderemos de vista la meta final por culpa de la necesidad urgente de satisfacción momentánea. Cuando volvamos a contemplarla, nos dará tristeza ver que está aún más lejos que antes y que nuestros esfuerzos anteriores han sido en vano por nuestros impulsos y falta de consideración.

La perseverancia también es una fuente de gozo continuo para aquellos que han conocido el sentimiento de euforia que el éxito trae. Los éxitos no suelen llegar individualmente. Casi siempre son el resultado de una serie de logros, de los cuales cada uno participa en la producción del logro final. Es más, la persona que sabe lo que cada uno de estos éxitos menores le ha costado sentirá una satisfacción real al cumplirlos. Él es como un joyero fiel a su arte, que con un cuidado infinito crea una gran cantidad de eslabones, que una vez unidos formarán un collar hermoso. Él sabe que cada uno de esos eslabones, en forma individual, tiene poco valor y que es sólo cuando se juntan para formar una cadena perfecta que obtienen su valor.

Ese tipo de colecciones impresionantes que tanto admiramos también han sido formadas de la misma manera. Da risa ver la inexperiencia de alguien que piensa que es posible crear una colección así de un día para el otro. Es sólo a fuerza de investigación minuciosa y paciente que uno es capaz de encontrar y juntar todas las piezas que forman parte de una misma familia. ¡Que gozo uno siente al descubrir una pieza rara para ampliar su colección artística! Por cierto, en casos así, el arte no es la única consideración y la riqueza muchas veces llega como recompensa de la paciencia y tenacidad del coleccionista.

Otro tipo de perseverancia que tiene mucho que ver con nuestra vida diaria es reconocer el valor del tiempo. La persona que se dedica por completo a su trabajo y sabe muy bien cómo concentrar todos sus pensamientos y sus acciones sobre él, aplicando de manera juiciosa las varias virtudes que forman parte de la perseverancia, vive su vida con una intensidad mucho más grande que una persona cuya vida es caracterizada por una serie de pequeños esfuerzos más o menos frecuentes.

Esto tiene una explicación bastante simple. No podemos disputar que el tiempo que uno invierte en un esfuerzo no duradero y que inevitablemente termina sin producir fruto debe considerarse como horas y minutos perdidos. Este tiempo, en el que uno ha vivido sólo para obtener algo que luego abandonó, indiscutiblemente lo podemos llamar tiempo malgastado, o hasta podemos decir que fueron horas en las que no hemos realmente vivido. Desafortunadamente, las vidas que tienen muchas de este tipo de horas son lamentables. Casi siempre son víctimas de la melancolía y el desánimo. Estas personas se irritan fácilmente y su enojo consigo mismos se hace evidente en el espíritu de contienda que los convierte en el terror de sus familias.

Una persona con el don de perseverancia no será víctima de cualquier desgracia similar. Con su mente llena de sus proyectos y contenta con los resultados parciales que le permiten ver un futuro con éxito, esa persona marcha hacia adelante sin mirar atrás; recoge las flores que bordean el camino de su vida y nunca pierde su valentía, y se recuerda a sí mismo que este es el único medio que al final le permitirá juntar un ramo de flores impresionante.

Con esto no queremos insinuar que una persona perseverante nunca se equivoca. Seríamos bastante ridículos si quisiéramos enseñar tal cosa. Pero esos mismos errores le producirán frutos, con muy pocas excepciones. La persona que persevera es lo suficientemente sabia para ver en qué parte de su desempeño se equivocó y descubrir las razones detrás de su fracaso. En vez de caer en desánimo o ser distraída, esa persona aprovechará de sus experiencias para adoptar en sus acciones las modificaciones que probablemente le traerán éxito en el futuro. De esta manera, seguirá yendo hacia delante, quizás con lentitud, pero sin dudas estará en camino hacia su meta final.

Más que nada, la perseverancia es una virtud sencilla. Casi nunca ve algo de valor en acciones impulsivas o la fanfarronada. ¿Acaso no se necesita el mismo coraje para seguir luchando contra las fuerzas escondidas que nos oponen en los deberes humildes de nuestra vida diaria que para salir en una formación de batalla y hacerle guerra a un enemigo descarado y visible? El coraje que funciona bajo la superficie de las cosas no es para nada despreciable y la devoción que uno demuestra de día a día cuando muy probablemente no será apreciado por nadie es una clase de valentía que muchos tragafuegos nunca podrán igualar.

En fin, consideremos por un momento el papel importante que la perseverancia tiene en producir armonía. Sirve para unir todas las mentes y los corazones en un pensamiento común que les otorga una solidaridad mucho más grande que los lazos de sangre pudieran aspirar a darle. Les brinda cualidades cuyos poderes no tardan en manifestarse en ellos, dándoles la firmeza de alma y la bondad compasiva que son la fundación de cualquier relación familiar o intelectual.

El espíritu de la continuidad, que siempre tienen los que perseveran, les permite sacar algún buen provecho de todo lo que esté relacionado con la idea que ocupa sus pensamientos. Muchas veces resulta que ellos descubren entre su idea dominante y un millar de detalles, que por cierto pueden ser insignificantes para otras personas, una afinidad que les servirá como punto de partida para un futuro prometedor. Para poder descubrir algo similar, sólo es necesario entrenarse a sí mismo a primero observar cuidadosamente y luego juntar todas las observaciones que hemos formado sobre el asunto que ocupa nuestras mentes por el momento.

Nuestra vida diaria, con sus gozos, sus deberes, sus incidentes y sus preocupaciones, es una mina preciosa cuyas riquezas se renuevan cada mañana, en la que cada uno de nosotros somos capaces de siempre encontrar algo interesante. Las grandes revoluciones no suelen ocurrir muy a menudo; los genios son pocos y raros. Por lo tanto, no debemos pasar nuestras vidas esperando que algo importante ocurra o que alguna inspiración nos caiga del cielo para que nos pongamos a tomar decisiones. En nuestras vidas diarias, esos acontecimientos grandes serán reemplazados fácilmente por nuestra observación minuciosa de los detalles que aparentan ser insignificantes y que debemos relacionar de alguna manera u otra al tema que ocupa nuestra mente. Hasta el incidente más pequeño que puede ayudar a introducir un elemento nuevo al tema, servirá para darle fuerzas nuevas y le otorgará una nueva oportunidad para perdurar y obtener éxitos duraderos.

Los edificios más impresionantes se edifican ladrillo por ladrillo; así también el hogar más humilde. Por lo tanto, todo aquel que desee obtener el don de la perseverancia debe tener el objetivo de nunca dejar pasar ni un sólo día sin contribuir un ladrillo al edificio de su proyecto. Así pronto verá cómo ese proyecto comienza a tomar forma y quedar sólido, duradero, y cada vez más alto, sobrepasando los monumentos derrumbados de la superficialidad, la pereza y la falta de propósito.

CAPÍTULO VIII

PERSEVERANCIA Y LA ELECCIÓN DE UNA VOCACIÓN

Debemos admitir que los verdaderos llamados en la vida suelen ser raros y que una persona que busca establecer su propósito en la vida muchas veces es como un viajero, que al encontrarse en el lugar donde hay cuatro caminos para tomar, trata de adivinar cuál de los cuatro sea el que le conviene tomar.

Primero debemos dejar algo bien claro: cada profesión y cada empleo tiene sus ventajas y sus desventajas. Lo que uno debe hacer es analizar ambas y luego, con el deseo de ser totalmente imparcial, comparar las unas con las otras.

Demasiados jóvenes hoy en día se dejan llevar por lo atractivo de la primera idea que se les ocurre, sin primero hacer ningún esfuerzo para examinarla o investigar sus méritos. Ellos prefieren ver sólo el lado positivo de esa profesión que se proponen abrazar, dejando de lado las dificultades que pronto tendrán que confrontar. Lamentablemente, ellos no le prestan atención a los consejos de los demás, encogiendo sus hombros y respondiendo que hay dos caras en cada moneda. Ellos no pierden tiempo en ponerse a trabajar en su profesión escogida y ni bien comienzan, se encuentran con dificultades que muchas veces resultan ser insuperables.

Ellos luego sueñan con poder volverse sobre sus pasos, pero las dificultades de un comienzo nuevo reaparecen en los primeros años de comenzar una carrera nueva, y ellos se encuentran una vez más en esa misma posición desafortunada de antes, y el sufrimiento es aún mayor por haber desperdiciado su tiempo.

Si acaso deciden tratar de cambiar su destino una vez más, correrán el riesgo de admitir su completa inferioridad, ya que mientras ellos avanzan a ciegas, sus compañeros están progresando y ellos están tan por detrás que se hace difícil poder alcanzarles sin trabajar día y noche sin parar. Su trabajo se hace aún más difícil porque deberán aumentar en gran manera el trabajo que dedican porque la profesión de su elección final demanda más de ellos para poder alcanzar a los que están por delante de ellos.

Es por esta misma razón que es tan importante hacer que los jóvenes entiendan la importancia de pensar con mucha seriedad antes de elegir una carrera. Esto servirá de sabiduría para prepararlos a ignorar los espejismos de la vida, cuyas reflexiones muchas veces ocultan una realidad sórdida y desagradable. Hacer una elección realmente satisfactoria desde el inicio es la única manera de obtener éxitos duraderos y honrosos.

Existen varios ejemplos famosos de este instinto guiador, que una vez que se apodera de la mente, la hace sierva de una idea dominante y la convierte en algo capaz de llevar a cabo las tareas más difíciles. Desde la antigüedad tenemos el ejemplo de Demóstenes, que siendo dominado por el deseo de desarrollar su voz y su elocuencia, comenzó a batallar en contra de los defectos que había heredado de su naturaleza. Su pecho débil, su voz defectuosa y sus gestos tontos aparentemente le excluían de toda participación en el ámbito del oratorio. Pero su idea dominante, la fundación de toda perseverancia, le mantuvo firme.

¿Fue sólo la perseverancia lo que le dio la fuerza para corregir su pronunciación defectuosa al poner piedras en su boca? ¿O acaso no fue la iniciativa de su idea dominante la que le permitió luchar contra su voz débil cuando practicó sus discursos en pleno viento y forzó que su voz sonara más alto que los ruidos de las olas que rompen?

Por cierto, él era un hombre extremadamente nervioso, pero sin embargo él decidió aprender a reprimir los gestos impulsivos que hacía involuntariamente. Para lograrlo, él uso métodos que demandaban un coraje verdadero para usar. Luego de haber estudiado con cuidado sus actitudes y haberse familiarizado a sí mismo con sus gestos recurrentes, él colocó una espada a su lado en una posición de peligro, para que ese mismo peligro inminente acabara con las gesticulaciones que su propia voluntad no pudo parar.

Sería improductivo volver a relatar todo lo que el mundo ya sabe de los resultados increíbles de su perseverancia heroica, pero su historia sí sirve como fuente de inspiración para nosotros. Después de haber concentrado nuestros pensamientos sobre nosotros mismos y luego de haber examinado nuestros gustos, deseos y aptitudes, hasta donde los podemos clasificar, tenemos la oportunidad de adaptarnos así como estos grandes ejemplos nos demuestran, para perseverar sobre el camino que hemos elegido hasta que llegue nuestro turno de brillar.

Hay una historia que cuenta de un filósofo, que mientras caminaba un día por su jardín, notó unos árboles de la misma especie, algunos de los cuales crecían rectos y altos mientras que otros estaban marchitos y atrofiados. Él averiguó la razón por la cual algunos crecían bien y otros no. Le informaron que los primeros habían crecido en el mismo lugar donde habían sido plantados, mientras que los demás habían sido trasplantados varias veces. Dirigiéndose a sus pupilos que le acompañaban, les mostró esos árboles y les dijo que deberían verlos como un símbolo.

Él les explicó, diciéndoles: «La devoción a metas que siempre cambian tiene el mismo peligro para los jóvenes que numerosos cambios de posición tienen para las plantas. Ni bien las raíces entran en la tierra, se rompen al ser arrancadas. Lo mismo pasa con aquellos que deciden abandonar la carrera que originalmente habían escogido. Todo su trabajo anterior se echa a perder y tienen que formar hábitos nuevos y habilidades nuevas en un medio ambiente desconocido y muchas veces lleno de peligros».

Es por eso que es muy importante nunca tomar un camino desconocido, sin primero haberlo estudiado, con dificultades que no hemos investigado y peligros que no conocemos y con piedras o grietas donde podríamos perecer miserablemente por falta de un poco de previsión.

En cada decisión sobre elegir una profesión, sea cual sea su naturaleza, uno primero debe evitar dos cosas:

Los caprichos.

Las expectaciones irracionales.

En el comienzo de este libro hablamos del entusiasmo y notamos con qué facilidad puede ser encauzado en canales equivocados. Lo mismo es cierto con el capricho, que no es lo mismo que el entusiasmo, pero puede ser considerado como su aliado.

El entusiasmo por lo general se manifiesta en nosotros sólo tras haber desarrollado cierto conocimiento sobre algún tema. No suele ser producido total o únicamente por el objeto que parece ser su causa, y siempre hay señas claras que marcan su presencia. Si no recibe alimento de las influencias ajenas, es raro que el entusiasmo pueda mantener su calor y pasión. Uno es capaz de pronosticar de una vez la desilusión que llega tan repentinamente como llegó el entusiasmo, que por cierto llegará con más rapidez mientras más ferviente ha sido la devoción.

El capricho es menos expansivo. No muere una muerte natural por falta de asociación. Es mucho más tenaz y es más temible porque crece de la misma manera que el entusiasmo. Pero no muere como el entusiasmo, así como tampoco se da por vencido con facilidad y es mucho más eficaz para ocultarse.

Aunque es relativamente fácil moderar las llamas del entusiasmo falso, es inmensamente más difícil traer al encaprichamiento bajo el control de la realidad. El capricho va más allá de los limites de la razón y en cada acción, demuestra su falta de percepción. Es infinitamente más peligroso, primero por las razones que ya hemos dado, pero también por el efecto deplorable que tiene sobre el juicio personal, al cual empaña de tal manera que resulta imposible ver nada más que lo atractivo del tema en el cual uno está metido.

Por lo contrario, el hombre demasiado exigente ve sólo dificultades, inconvenientes y desventajas en el camino que le aconsejan escoger. Con todo esto, él construye una pared de imposibilidad y acaba rechazando cada proyecto que él considera. Sin embargo, si las circunstancias le obligan a actuar, él por fin tendrá que tomar una decisión. Pero él lo hará con malas ganas, de manera que le será casi imposible perseverar en ella. Casi de inmediato su defecto convertirá su trabajo en una verdadera carga y su mal humor se convertirá en una rabia que arde. Él se ofenderá por todo y culpará a las circunstancias y a sus amigos por lo que él considera su «mala suerte».

En tales circunstancias, ¿qué papel juega la perseverancia en su nueva profesión? Lamentablemente, primero es sometida a un remolino de entusiasmo exagerado para después caer en el abismo de la desolación, y así nunca podrá establecerse como el motor principal de logros exitosos.

Si uno estudia la vida de cualquier persona prominente, uno podrá ver lo importante que puede ser apegarse a una sola cosa para conquistar la fama o las riquezas. Quizás sería mejor decir «la fama y las riquezas», porque como hemos visto antes, lo último siempre acompaña a lo primero.

Puede ser que las circunstancias iniciales nos obliguen a desviarnos de nuestro camino ideal, forzando que tomemos unas acciones valientes con una tendencia que pueda aparecer contraria a la tendencia que la idea dominante ha despertado dentro de nosotros. Pero esta idea no desaparecerá, a menos que uno decida abandonarla. Como un amigo fiel y silencioso, nos seguirá paso a paso a lo largo de nuestras vidas, revelando su presencia de vez en cuando por medio de algún recordatorio amable y luego retirándose sutilmente para que podamos concentrarnos sobre las demandas del presente.

De esta manera, el gran poeta Goethe vivió treinta años con el espíritu tierno de Marguerite, una realidad de su juventud que su imaginación fue transformando poco a poco, sin quitar demasiado de su personalidad, hasta que llego el día en el que la reveló al mundo en la forma inmortal de la heroína de Faust. Pero mientras pasaban esos años largos, un gran pensador ocupó su lugar dentro de la mente de ese antiguo poeta. Es por esto que en la última parte de Faust, el entusiasmo joven de los párrafos iniciales se convierte imperceptiblemente en una metafísica intensa y profunda — un reflejo de los pensamientos de un Goethe en otra etapa de madurez. Sin embargo, la idea dominante nunca se pierde de vista. Se difunde por cada parte de la obra, mostrándonos todas las partes diferentes de la mente del autor, de la ternura platónica al amor carnal y de las realidades humildes de la vida diaria a las ilusiones más impulsivas, cuyo lirismo dirige al escritor hacia el mundo fantástico de la imaginación. Sin importar si Marguerite nos cuenta de sus tareas humildes o, como en la parte posterior de la obra, si el diálogo de los difuntos famosos acerca de los niveles más altos de la filosofía es lo que mantiene nuestro interés, la presentación sigue siendo única y gracias a la persistencia con la cual ha sido conservada delante de nosotros a lo largo de los años, se ha creado una obra maestra inmortal.

Lo que es cierto de las cosas exaltadas también lo es con las cosas más humildes y las realidades más comunes. Elegir una profesión, por más humilde que sea, requiere la misma sabiduría, fuerza de voluntad y resistencia. Además, exige un discernimiento de las aptitudes no sólo morales, sino también físicas. Hay defectos o debilidades físicos que hacen que algunas ocupaciones sean doblemente difíciles y no todos tenemos el alma de un Demóstenes para poder luchar contra esas dificultades y vencerlas. Es más, a menos que hayamos dado con un llamado que sea irresistible, nunca debemos olvidar que el tiempo que se pasa luchando contra esos defectos es tiempo perdido para el progreso. El esfuerzo necesario para llevarnos hacia nuestra meta siempre será considerable. ¿Entonces, qué uso tiene multiplicarlo?

Debemos reiterar esto con esos jóvenes que desean tomar una profesión diferente a la de sus padres, porque como dicen ellos, conocen muy bien sus dificultades. Ninguna profesión es libre de dificultades y cuando un hijo sigue los pasos de su padre en su profesión, él se estará beneficiando con muchas experiencias que él no tuvo que adquirir personalmente. Si él no está satisfecho con su progreso, no hay nada que le prevenga aplicar todo tipo de avances modernos en su profesión que los métodos científicos han realizado en todos los caminos de la vida. Él estará asegurando su éxito rápido al seguir el camino de su padre, siempre y cuando él decida evitar la rutina, ese obstáculo que los hombres de una generación anterior siempre tienden a poner a través del camino que conduce a mejores cosas. Él deberá luchar contra esto más y más si quiere apresurar su éxito y sólo ganará esa lucha al practicar la perseverancia mientras abandona los hábitos que no ensanchan sus horizontes y no conducen a la perfección.

CAPÍTULO IX

UNA CLAVE PARA LA FORTUNA

Resulta imposible no quedar asombrado con el poder que viene de la perseverancia cuando uno se encuentra cara a cara con los grandes monumentos de la antigüedad. Los esfinges gigantescos, que parecen resistir el pasar del tiempo y que en este mundo pueden servir como emblemas de la eternidad; las pirámides que han sobrevivido los ataques de los elementos por tantos miles de años, son más que nada momentos hechos por la mano del hombre para la gloria de la perseverancia.

Piense usted por un momento en los esfuerzos de esos hombres que tenían sólo las herramientas más básicas a su disposición para construir estas obras gigantes que ocuparon las vidas de varias generaciones de obreros. Aunque pasaron muchos años y tantos grupos de trabajadores, la idea dominante de construir un monumento que simbolice el poder de la nación para las siguientes generaciones nunca cambió. Esta es la lección que todos debemos aprender de estos esfuerzos colosales, que fueron completados tan venturosamente.

No cabe duda que la ingenuidad, la fuerza de voluntad y la resistencia todas tuvieron su parte en esos trabajos titánicos. Pero lo cierto es que todas estas virtudes fueron sólo subordinados de la virtud dominante — la perseverancia. ¿De qué uso hubiera sido todo el trabajo de un sólo reino si el siguiente faraón no hubiera continuado la labor de su antecesor? Dentro de poco tiempo, esos bloques de granito, cubiertos por las arenas movedizas del desierto, hubieran formado parte de las ruinas de todas esas ciudades antiguas que fueron alguna vez famosas en todo en mundo, pero que ya se han perdido en el tiempo.

Hoy en día hemos establecido un concepto bastante diferente en cuanto al valor del tiempo y de la vida humana. Nuestros edificios, aunque sean menos duraderos en cuanto a su solidez física, sin embargo son menos susceptibles a la destrucción que las pirámides. Ya no dependemos de bloques enormes de piedra y del esfuerzo sobrehumano de miles de trabajadores. Nuestra labor apunta a mucho más que eso. Nuestros grandes logros no sólo se alcanzan con fuerza, sino que con inteligencia perseverante, es decir, por la diligencia y continuidad del trabajo. Aunque hoy en día no les dejamos a nuestros descendientes obras que hacen testigo mudo de la fuerza bruta bregando en el servicio del orgullo imperial, sí intentamos dejar recuerdos del progreso que ha sido motivado por nuestras ambiciones legítimas.

No debemos protestar que el genio no está dentro del alcance de todo el mundo y que son pocas las personas que pueden asociar sus nombres con grandes obras. Cada uno de nosotros tenemos una misión que cumplir. Para algunos de nosotros, puede ser que preservemos intactos los nombres y las fortunas de nuestros antepasados. Para otros, que son la gran mayoría, las fortunas hay que adquirirlas. En cuanto a los nombres, ellos podrán repetir esas famosas palabras de un mariscal del primer imperio:

«¡Somos nuestros propios antepasados!»

Es decir que si nuestros nombres nunca han sido ilustres, entonces depende de nosotros hacer que nuestro nombre sea famoso y perdure por la eternidad. Incluidos en esta categoría están los científicos y los inventores — por cierto, cada uno de los que, confiando en el valor de esfuerzos repetidos, siguen marchando adelante hasta llegar a su meta deseada.

Algunos pueden contradecir que sólo estamos hablando de lo mejor de la humanidad y que la gran mayoría de las personas no tienen dentro de sí la habilidad o la capacidad para hacerse famosos.

¿Pero cuántas veces nos encontramos con personas que por la pereza, el descuido o la falta de propósito dejan de sacar provecho de los dones que la naturaleza les ha otorgado?

¿Acaso no hemos leído que el descubrimiento de la ley de gravedad fue por culpa de una manzana que se desprendió de su árbol y cayó a los pies de Newton? Este hecho se ha repetido a lo largo de los siglos, millones de veces cada día y sin embargo este incidente tan común nunca había despertado la curiosidad de una sola persona hasta ese preciso momento. Pero este pequeño incidente, algo completamente común y corriente, encendió en la mente de un científico una profusión de luz, debido a la influencia de la idea dominante que persiguió sus pensamientos con una perseverancia excepcional.

Uno de los ejemplos más impresionantes del efecto enorme de una idea dominante combinada con una tenacidad obstinada se puede ver en la vida de Galileo, que preservó por muchos años una idea sobre el medir del tiempo que se le ocurrió cuando tenía sólo dieciocho años. Durante ese tiempo, su atención fue captada por las acciones de un empleado en la iglesia de Pisa, quien luego de haber rellenado el aceite de una lámpara, la dejó girando de un lado para el otro.

Tuvieron que pasar cincuenta años para que él pudiese expresar sus pensamientos perseverantes de forma práctica. ¿Qué hubiera ocurrido si un Galileo joven e impetuoso hubiera intentado realizar el tipo de experimento que sus observaciones le habían sugerido? Quizás le hubiera resultado imposible a esa edad concebir una solución tan completa como la que él pudo elaborar luego de largos años de estudios afines y un período extenso de reflexionar sobre esa idea.

Para aquellos que carecen de un coraje innato, es apropiado señalar que esa perseverancia que nos permite realizar nuestros sueños suele ser el producto de una serie de acciones que acaban convirtiéndose en un hábito. De esta manera, pierden su dificultad para nosotros, ya que la repetición constante las hace bastante fáciles. Es entonces que el gozo del éxito se une al que siempre se produce cuando cumplimos deberes y realizamos progreso. ¿Qué más se necesita para hacer más agradable el trabajo de hoy que le abre el camino a la comodidad y la paz de nuestro futuro? Para la mayoría de nosotros, ese es el único objetivo de la perseverancia. Es un medio para realizar el éxito que significa toda una fortuna para nosotros, es decir, que asegura nuestro futuro.

Sólo unas pocas mentes mediocres piensan que satisfacer a la avaricia es una fortuna. La tranquilidad del alma que viene tras realizar una ambición es algo desconocido para ellos. El placer momentáneo que ellos derivan de poseer algo siempre acaba enredándose con el remordimiento de no tener más y el desdicho de no poder preservar el tesoro que tanto le ha costado acumular.

La compostura, ese producto de la esperanza coronada con éxito, es reserva exclusiva de sólo aquellas personas para las cuales la fortuna es un medio y no un fin. Para aquellos cuya ambición se limita sólo a la posesión de una cierta cifra de dinero, la vida pierde todo interés una vez que hayan cumplido su deseo.

Pero para el hombre que desea poseer una fortuna no para dejarse llevar a la pereza, sino para liberarse de los grillos de una pobreza que le obliga por fuerza a dedicarse a deberes rutinas, el futuro se ensanchará cuando obtenga su primer éxito real. Una vez liberado de tener que trabajar para subsistir, él podrá concentrarse en lograr algo que realmente valga la pena. La maestría sobre sí mismo será mucho más fácil de obtener cuando ya no esté obligado a hacer cosas en las cuales no tiene interés o emprender cosas que agobian su espíritu. Él ahora será capaz de elegir su propia meta en vez de que las circunstancias le echen una encima. Él tendrá todo el tiempo del mundo para comenzar o detener ciertas acciones y con la promesa de un futuro sin miseria, tendrá la libertad para practicar esa tenacidad que no delata su presencia pero siempre trae fruto a su tiempo. Él será como el campesino, que en el otoño le entrega su semilla a la tierra para que duerma en ella durante el largo invierno.

Dormir — no es dormir. Eso es sólo lo que parece ser. Dentro del corazón de cada semilla, hay una obra secreta avanzando, que pronto romperá su envoltura y hará que ese brote precioso salte hacia la luz. Lo mismo ocurre con una idea que no se apresura por desarrollarse de inmediato por causa del impulso de una prisa febril. Tal idea —nacida en la mente de un hombre cuya perseverancia ya le ha otorgado, quizás no una fortuna, pero sí la certeza de su pan diario— esa idea, encomendada a la reflexión, tomará su tiempo para germinar y mientras más tiempo toma, más bella será su florecer.

Para la persona adecuada, las riquezas no sólo serán la meta para su satisfacción material, sino que también servirán como la palanca para mover un millar de obstáculos. No todos nacen en cuna de oro, pero seguramente cada uno de nosotros es capaz de mejorar nuestra posición en la vida según el camino que más nos apetece. Algunos le piden al destino la felicidad que a ellos les parece ser el dominio exclusivo del dinero. Que otros se encarguen de criticarlos. Tales personas de hecho sirven en su propia manera como elementos que tienden a desarrollar el bienestar de la sociedad entera. Al satisfacer sus deseos, ellos les dan a los obreros del mundo la oportunidad de ganarse la vida. Cada industria que suple los lujos de los ricos a su vez mantiene una multitud de gente trabajadora, para la cual los caprichos de los ricos hacen posible que disfrute, en cierta medida, de la vida intelectual.

De hecho, muchas de las personas que producen lujos para los ricos tienen gustos artísticos bien desarrollados. Para la mayoría de estas personas, su oficio es sólo un medio, mientras que su arte es el fin. La razón por esto es la siguiente. Muchos de los artesanos que trabajan en la producción de esos lujos de varios tipos para los ricos abrigan aspiraciones en un plano mucho más alto que las labores materiales a las que están atados por la necesidad de ganarse la vida. Es el deseo de realizar esas aspiraciones lo que les permite usar lo que les sobra de sus ganancias para lograrlo. Haciendo su trabajo material con regularidad y consistencia, la mayoría de los artistas así han podido obtener los medios que necesitaban para crear sus obras soñadas. Sería entonces injusto, desde un punto de vista social, criticar a aquellos que ven en la perseverancia sólo algo que les permite adquirir una fortuna de la cual aprecian las ventajas materiales. En esta gran máquina que llamamos «sociedad», ellos son las partes menos vitales del mecanismo, pero sin embargo siguen siendo necesarias para que todo continúe funcionando bien.

También hay otras personas que sólo ven al dinero desde el punto de vista que facilita la compra de bienes, y buscan obtenerlo sólo para intercambiarlo por mercancías de valor mucho más fino, las maravillas de ciencia y de la mente. Ellos también son apóstoles de la perseverancia. Su voluntad para vivir se alimenta en la manifestación de la determinación, que sirve para afirmar su existencia. Ellos entienden muy bien que cualquier clase de progreso depende del cumplimiento de una serie de logros que se llevan a cabo antes de alcanzar la meta final y contemplan con compostura la duración de un esfuerzo eterno para la conquista de cosas más sublimes.

Dejar de luchar casi siempre supone admitir que uno ha sido vencido. Para algunas personas imprudentes, es declararse satisfechos. Pero el deseo de conquistar nunca se apaga en el corazón de un hombre poseído por una voluntad perseverante. Para él, la inacción es un desastre y una señal de la decadencia. En cualquier caso, tiene que ser el cese de todo esfuerzo hacia el progreso, y una persona que no avanza pronto será dejada atrás.

Es por esto que siempre notamos que aquellas personas que están inspiradas por una ambición laudable siempre se fortalecen en su ideal, de tal manera que están constantemente preparadas para convertir sus pensamientos en acciones. Echando fuera toda irresolución, ellos son cuidadosos para evitar cualquier sentimiento de tendencia contraria a su propósito. Ellos dejarán atrás a sus oponentes gracias a su tenacidad y los desarmarán con la continuidad de sus esfuerzos. Su perseverancia metódica y silenciosa hará triunfar el bien, e impondrán sobre otros la autoridad que el dominio propio les ha otorgado a ellos mismos. Estarán bien preparados para desarrollar tanto la energía militante como la tenacidad muda y latente, la segunda siendo mucho más difícil de practicar que la primera. Llenos de la idea dominante que ha cubierto cada área de sus vidas por medio de las enlaces de asociación, ellos buscarán con afán cualquier cosa que sirve para extender esa idea, fortalecerla o defenderla cuando sea necesario. También rechazarán con determinación todo lo que esté en contra de ella o sirva para separarles de su idea. Siempre se recompondrán antes de actuar y cultivarán todo tipo de pensamiento que estimule sus energías y da lugar a las acciones que hacen posible cumplir las tareas que han emprendido por necesidad o por su elección.

Aquellas personas en las cuales el espíritu social domina al intelectual pronto aprenderán a resistir desaires repetidos sin desanimarse, nunca olvidando que la victoria final nacerá de todas esas derrotas sucesivas. Los apetitos y los intereses personales no tienen ningún tipo de poder contra esa operación lenta que cambia el alma de las personas y les prepara para un estado de vida cuyo ideal se acerca al bien de todos. Cada uno de ellos jamás debe olvidar que nunca deben detenerse en el camino hacia su meta, o mejor dicho, hacia la serie de logros que complementan a la meta final. Sin embargo, mientras más se acercan a esa meta y más tangible se siente, más ganas tendrán de agrandarla, porque ni bien se encuentren a punto de obtenerla, su deseo de seguir progresando les rogará que la hagan más alta y noble aún.

El tipo de vida de la gente que es realmente digna de envidiar y a las cuales podemos con acierto calificar de los felices de este mundo, es sobre todo caracterizada por una sucesión de logros, cada uno de ellos en servicio del mismo fin —no la perfección en sí, que deja de existir en el momento que la alcanzamos, ya que el cese de progreso se opone a la idea esencial de la búsqueda de superación— sino el deseo de perfección, que como la perseverancia, es una de las llaves con la cual podemos abrir las puertas de la fama y la fortuna.